EL VEDÛD

TUĞÇE IŞINSU

FENİKS

Feniks Kitap: 64
Kişisel Gelişim: 06

Tuğçe Işınsu
EL VEDÛD

Grafik Tasarım: Adem Şenel

Baskı-Cilt: Melisa Matbaası
Çifte Havuzlar Yolu Acar Sitesi No:4
Davutpaşa/İstanbul Tel: 0212 674 97 23
Sertifika No: 12088

ISBN: 978-605-4726-78-3

Feniks Kitap, Artı Yayın Dağıtım San. Tic. Ltd. Şti'nin tescilli markasıdır.

Feniks Kitap
Alemdar Mah. Çatalçeşme Sok. Çatalçeşme Han
No: 25/2 34110 Cağaloğlu-İstanbul
Tel: (0212) 514 57 87 • Faks: (0212) 512 09 14
instagram.com: feniks_kitap
twitter.com/fenikskitap
facebook.com/ fenikskitap
www.fenikskitap.com

EL VEDÛD

TUĞÇE IŞINSU

FENİKS

TUĞÇE IŞINSU

Spiritüel Danışman, Yazar, Sunucu

FMV Özel Işık Lisesi ve İstanbul Üniversitesi, İngiliz Dili ve Edebiyatı mezunu olan **Tuğçe Işınsu**, 11 yıl süren reklam yazarlığı kariyerinin ardından doğuştan sahip olduğu psişik güçleri ve aldığı spiritüel eğitimlerle Spiritüel Danışmanlık yapmaya başlamıştır. Birçok yaşam merkezinde, ayrıca 8 yıldır kendi sunduğu ve konuk katıldığı yüzlerce televizyon programında İlişkiler, Melekler, Mistisizm, Enerji Çalışmaları, Spiritüel Şifa Yöntemlerini tüm Türkiye'ye ve dünyaya tanıtan **Tuğçe Işınsu**, 8 kitabın da yazarıdır. Dünyanın her yerinden binlerce danışan ile çalışmalarını sürdüren **Tuğçe Işınsu,** *EL VEDUD* ile size dileklerinizi gerçek kılmanın yollarını anlatıyor, mucizelerle dolu enerjisi yüksek bir yaşamın da sırlarını aktarıyor Allah'ın izniyle.

BAŞLARKEN...

Bu kitapta bölümler yok, her sayfa kendi içinde başlı başına bir mesaj veya çözüm sunuyor sana...

Bir amacın veya dileğin varsa, seni ona yaklaştıracak bir yolu sana getiriyor her sayfasıyla EL VEDÛD.

Bir insanı yaşamdan soğutacak ya da ayıracak büyük çöküşler yaşadım, darbeler aldım, defalarca kere düştüm, kandırıldım, istenmedim, reddedildim, kaybettim, "artık her şey bitti düzelmez" dedim... Sonra sırları keşfettim, dualara sarıldım. Tüm yaşadığım acıları fırsata dönüştürmeye inandığım ve niyet ettiğim gün ise yaşamım değişti. O acılar benim hazinem oldu sonraları... Bu değişim ve dönüşümü bugüne kadar kitaplarımla sizlere sundum. *EL VEDÛD* benim geçmişim, acılarım, umuda bakışım ve sana sunduğum sevgim.

Hayattan umudunu kesmiş birinin edeceği dua, sevgiye muhtaç olanların yoluna ışık olacak bir uygulama, bir hastanın belki şifa umudu ya da gücünü keşfetmek için bir fırsat arayan bir kalbin istediği formül işte bu kitapta toplandı.

Ellerinde doğuştan sahip olduğun bir şifa gücü var. Şimdi iki elini birbirine sürt ve iyice ısıyı hisset, sonra ellerini aç ve avuç içine İSRA SURESİ'nin 82. Ayetini oku "bu konumun şifalanmasına niyet ediyorum" de içinden, ardından ellerini bu kitapta gezdir. İçindeki ses "Dur" dediğinde dur. O sayfa şimdi senin sayfandır. O sayfayı oku, anla, uygula, yaşamına geçir. Akışta kal, sonucu ve ışığı kalbinle takip et...

İMKANSIZ DİYE BİR ŞEY YOK ÇÜNKÜ SEN ALLAH'TAN İSTİYORSUN!

EL VEDÛD

EL-VEDUD; kullarını çok seven, onlardan razı olan ve en çok sevilen. Allah'a itaat etmek ve Onun sevgisini kazanmak, zaten imtihanda olan insan için en önemli mesele olmalıdır. Seni sadece Allah asla yalnız bırakmaz ve tek gerçek aşk Allah aşkıdır…

Etkisi:

- EL-VEDUD isminin tesiri çok fazladır ve özeldir. Bu ismi, usulüne uygun olarak zikreden kimsenin gönlü nurla dolar, affedici olur, sezgileri artar, kalbi genişler ve huzur dolar.
- Bir yiyecek üzerine 4000 defa okuyup eşiyle birlikte yiyenlerin eşlerine olan sevgileri artar. Hak ve helal olmalı amaç…
- Günde 400 kere okumaya hep devam eden kişi, hep ilgi görür aranılan biri olur, işleri kolay gelişir… Her gün 20 kere okunması ve devamlı yapılması kişiyi rahatlatır.

GÜNÜN HER AN'INI FAYDAYA DÖNÜŞTÜR

1. Suyu dua ile iç
2. Severek ye, yerken pişman olursan yağ ve kilo olur
3. Ağaçlarla ve bitkilerle konuş
4. Hiç bir şeyi içine atma
5. İbadet, şükür ve dua için zaman ayır
6. Her gün en az 10 dakika sessizce ve düşünmeden otur
7. Düzenli teşekkür et
8. Her gün 10-30 dakika bedenini sevme çalışması yap
9. Hayatını başkalarınki ile kıyaslama, onların yolu başka
10. Olumsuz düşünceleri iptal et Bunun yerine an'da kal, nefes aldığın her an'ın kıymetini bil, şükret
11. Sadeliği ve az'ı seç
12. YAŞAM amacını bul
13. Enerjini başkaları hakkında konuşarak kul hakkı ile harcama
14. Geçmişte kalma
15. Kıskançlık yapma, ihtiyacın olana zaten sahipsin
16. Geçmişi an'mak bugünü de geçmiş gibi yapar, an'da kal
17. Hayat, boşa harcamak için çok değerlidir: fayda ile yaşa
18. Kendinle gurur duy
19. Hayatın bir okul olduğunu ve öğrenmek için geldiğini unutma
20. Daha fazla gülümse ve pozitif ol
21. Her sorunu çözmeye çalışma

22. İstemediğin kimselerle görüşme
23. Gereken yerde 'Hayır' de
24. Herkesi her şey için affet
25. Meleklere inan
26. Her gün melek mesajlarını takip et
27. Başkalarının senin hakkında ne düşündüğü ile ilgilenme
28. Doğru olanı yap, başkalarının yanlışlarını ört
29. Faydasız olan her şeyden uzak dur
30. ALLAH her şeyi iyileştirir, dualarda kal

SADECE ALLAH'TAN İSTEMEK...

"Hiç kimse Allah gibi dost olamaz ve O'nun ettiği gibi yardım edemez"

Nisa Suresi/45. Ayet

Allah'ın tek ilah olduğu gerçeğini kavramak, tüm işleri yaptıranın, her olayı düzene koyanın sadece O olduğunu bilmek bile zaten başlı başına bir güçtür. Yardım sadece Allah'tan istenir; o gerekeni zaten vesile eder.

Bilmez misin ki, gerçekten göklerin ve yerin hükümdarlığı Allah'ındır. Sizin Allah'tan başka veliniz ve yardımcınız yoktur.

(Bakara Suresi, 107)

Rızkı ancak Allah'ın verdiğini, maddi manevi bütün güç ve imkanı yalnızca Allah'ın yarattığını, canı verenin ve onu alacak olanın da yalnızca Allah olduğunu, hastalığın Allah'tan olduğu gibi, şifanın da ancak Allah'tan olduğunu çok iyi bilen zaten isyan etmez. İlaç bile O isterse etki eder...

Ne zaman darda kalırsan

Ne zaman çaresiz hissedersen

Ne zaman yardıma ihtiyacın olsa

"Vec'al lenâ min ledünke veliyyen vec'al lenâ min ledünke nasîrâ." Nisâ', 4/75

ANLAMI: "Rabbimiz, katından bize bir sahip çıkan gönder, katından bize bir yardımcı lütfet."

AMİN.

ÇÖKÜŞ VE ZİRVE AYNI YERDİR. ÇÜNKÜ SENİ ZİRVEYE TAŞIYACAK GÜÇ, ÇÖKTÜĞÜN ZAMAN ÖĞRENDİKLERİNDİR.

Bazen sonunda kazanman için başında kaybetmen gerekir. Hayatında şu anda çöküş noktasındaysan, buna isyan etmemeli, direnmemeli, hatta şükretmeli ve tüm bunları neden yaşadığını bulmalısın. Yaşam dersi alınmadığı sürece sorun tekrar eder, neyi öğrenmen gerektiğini bulduğunda ise konu dönüşür, tekrar etmez.

Her acı bir fırsattır, her çöküş bir şanstır. Eğer bir derde yaşamında çok fazla yüz verirsen seninle daha uzun kalır... Dertle çok ilgilenme, onun sana neden geldiğini bul. Yaşam dersini al ve konuyu serbest bırak. Çaresizce çözmeye de çalışma hiçbir şeyi. Gücünü eline al.

Enerji yasalarını öğren ve kullan.

Bu kadar çok soruna odaklanma, hayal gücüne ve dileklerine odaklan.

Sorunu çok düşünmek o sorunun enerjisini de büyütür.

Aynı şeyleri yaparak farklı sonuç gelmez, değişime geç.

Önce başarıya değil, kendini sevmeye ve kendi değerine eğil.

Geleceği çok düşünmek bile gelecek kaygısıdır, sen an'ı değerli kıl.

Hayal, seni bekleyen geleceğin önizlemesidir bilinçaltı hayallerini gerçek yapmak için çalışacaktır...

SEYYİD-ÜL İSTİĞFAR

Okunuşu: *"Allahümme ente Rabbî lâ ilahe illâ ente halaktenî ve ene abdüke ve ene alâ ahdike ve vâ'dike mes'tetâtü eûzü bike min şerri mâ sanâtü ebû'ü leke bi-nîmetike aleyye ve ebû'ü bizenbî fağfirlî feinnehû lâ yağfiruz-zünûbe illâ ente"*

Anlamı: "Allah'ım! Sen benim Rabbimsin. Sen'den başka ibâdete lâyık ilâh yoktur. Beni Sen yarattın. Ben Sen'in kulunum. Ezelde Sana verdiğim sözümde ve vaadimde hâlâ gücüm yettiğince durmaktayım. İşlediğim kusurların şerrinden Sana sığınırım. Bana lütfettiğin nimetleri yüce huzûrunda minnetle anar, günahımı itirâf ederim. Beni affet, şüphe yok ki günahları Sen'den başka affedecek yoktur."

İnanarak samimi bir kalp ile gece gündüz okunur. Af dilemek, arınmak, günahları geride bırakmak, gerçeği idrak etmek için yardımcı olur. Allah kabul etsin.

BİLİNÇALTI "BÜYÜK GÜÇ"

Bilinçaltı (bilinçdışı/bilincinde olmadığımız her şey) pek çok kez ***hayatınızı kurtarmıştır*** ve siz farkına bile varmamışsınızdır. Bilinçaltı siz uyurken faaliyettedir çünkü tüm organların çalışmasını sağlayan odur. Gün içinde sezgi yolu ile sizinle hep mesajlaşır... Bize 6. his olarak gelen bazı şeyler vardır bunları organize eder. Bilinçaltı geçmiş ve gelecek arasında bir yerde durmaktadır ve bize olasılıklar arasından en uygunu seçer. Bazen yoğun bir şekilde hissettiğimiz şeyler hayatımızı değiştirir. Bilinçaltı gelecekteki olası görüntülere, olasılıklara ulaşır. Onun inandığı ve onayladığı hayatlarımızda gerçek olur.

Bilinçaltında tüm cevaplar gizlidir. Uyku öncesi, bir soru sorun ve size mutlaka gün içinde cevabını sunar. Bilinçaltı, adına ***kollektif bilinçaltı*** dediğimiz bir ana ve daha büyük sisteme bağlıdır. Tüm insanların birleşik bilinçaltı olduğu kavramına vardır. O bilinçaltında tüm cevaplar, formüller, bilgiler, eski kayıtlar vardır. Tüm cevapların kaynağı bilinçaltıdır. Tüm diller, kültürler ve daha fazlası orada kayıtlıdır...

Bilinçaltı ***büyük resmi*** ve detayları en ince ayrıntısına kadar görür, her şeyi kayıt altına alır ve saklar. Bilinçaltının, ***telepatik ve telekinezi*** güçleri olduğu iddia edilmektedir. Bilinçaltı maddeye ve akla etki edebilir ve düşünceleri değiştirebilir.

Bilinçaltı olayları çok hızlı değerlendirir ve o an için en uygun çözümü sunar. Bu tarz durumlar genellikle ***hayati tehlike*** altındayken dönüm noktalarında ortaya çıkar. imkansızı başardığınızı düşündüğünüz anlarda bilinçaltı devreye girmiştir.

OLUMLAMALARLA YAŞAMINI DÖNÜŞTÜR

21 gün ila 3 ay arası deneyip uygulayacağınız pozitif olumlamalar, yaydığınız titreşimi değiştirecek, hayatımızda realiteye dönüşecektir. Bilinçaltınızda yeni, yapıcı düşünceyi oluşturup sonucu gerçek kılacaktır. Bulunduğunuz ortamlarda çok fazla negatif telkin varsa, insanlar olumluyu bile olumsuza çeviriyorsa oralarda çok da zaman geçirmek zorunda hissetmeyin, o telkinleri almayın... SÖZ, bir enerjidir ve düşüncenin somutlaşmış şekli olarak hayatımızda etki yapar. Sözle dünyanızı değiştirin! Olumlamalar, rast gele hazırlanamaz her kelimesi doğru anlam ve enerji ile seçilmelidir.

-SE-SA eki;

"Arabam olursa mutlu olurum."

Şarta bağlı kullanım olmaz.

-MELİ-MALI

"Güzel Olmalıyım."

Olmayanın altını çiziyor, zorunluluk enerjisi kullanılmaz.

-ECEK-ACAK

"Yeni işim çok güzel olacak."

Hep geleceğe erteleyecektir...

TERSİNE SÖYLEM

"Vazgeçmiyorum."

Korku ve olumsuz enerji veriyor. Yine aslında gizli olarak vazgeçme enerjisinde bırakıyor...

BELİRSİZLİK

"İyi bir evlilik istiyorum"

Neyin nasıl iyi olacağını belirtmediğiniz için belirsizlik ifadesi sizi sonuçtan uzak tutar.

DOĞRU OLUMLAMA NASIL YAPILIR

Uyku öncesi ve uyandığımız an olumlama yapmak için daha uygundur, kristale de kod'lanabilir. Ses kaydı ile dinleme de yapılabilir. Bir süre sonra görmeye başlayacaksınız ki çevrenizde size olumsuzluk veren kişiler, konular, olaylar gidecek, olumlular gelecek. Bir süre sonra kendiliğinden olumlu ifadeler ağzınızdan çıkacak.

"BEN GÜÇLÜYÜM. İSTEDİĞİM HER ŞEYİ KOLAYCA YAŞAMIMA ÇEKİYORUM. BOLLUK İÇİNDEYİM.

AŞK BENİ BULUYOR. KENDİMİ SEVİYOR VE ONAYLIYORUM. TÜM ZAMANLARA DOĞRU ŞANSLIYIM."

BOLLUK VE BEREKETLE

Bolluk, bereket vekazanç artışı için, yeni girişimlere başlarken, ticaretin iyi sonuç vermesi için

1060 kere YA ĞANİY

1001 kere YA RAHMAN okunur.

Ayrıca bir girişim yaparken, toplantıya girerken, çekinilen bir konuşma öncesi mekana girmeden veya konuya başlamadan önce 51 kere BESMELE çekip "YA ALLAH, YA HAY, YA HUU" denir.

Ayrıca, Perşembeyi Cuma'ya bağlayan gece abdest alıp Yasin Suresi okunur. "Selamün kavlen mir rabbir rahim" ayeti 21 defa okunur ve Yasin Suresi bitince "Allahümme inni es'elüke bi hakkı hazihis süretiş şerifeti bi hakkı selamün kavlen mir rabbir rahim. En terzukni rizkan helâlen tayyiben allahümme inni euzü bike min şiddetil fakri ve belaed dine Allahümmecalni mineş şakirin" duası okunur. Rızkınız artar.

KISMET AÇMA

"Allahümme inni es'elüke tevfika ehli'l-huda, ve a'male (amele) ehli'l-yakini ve münasahate ehli't-tevbeti ve azme ehli's-sabri, ve cidde ehli'l-haşyeti ve talebe ehli'r-rağbeti ve teabbude ehli'l-vera'i ve irfane ehli'l-ilmi hatta ahafek. Allahümme inni es'elüke mehafeten tahcuzüni an ma'sıyetike hatta a'mele bitaatıke amelen estehikku bihi rıdake ve hatta unasıhake bi't-tevbeti havfen minke ve hatta uhlisa leke'n-nasihate hubben leke ve hatta etevekkele aleyke fi'l-umuri ve hüsni zannin bike. Sübhane Haliki'n-nur" Bu duayı her gün ve gece yatmadan 1 kere, 21 gün boyunca devam ederek okursanız kısmetiniz Allah'ın izniyle açılır.

Her gün 336 defa **"YA MUSAVVİR"** (Anlamı: suret ve şekil veren) esmasını da okumaya devam ederseniz kendinizi enerji olarak daha yüksek hisseder, kişilerin sizi daha güzel bulmasını da sağlarsınız.

21 gün boyunca her gün 1 bardak suya **101** defa, **"İnna fetahna leke fethan mübina. Ve fütihatis semaü fekanet ebvaba"**okunması ve bu suyun evlenmek isteyen kişinin içmesi tavsiye edilmiştir. Suyun oluşturma ve enerjiyi büyütme gücü vardır.

Cuma günü abdest alıp 2 rekât tövbe namazı kılıp **18 defa Cuma Suresi** okunması hayırlı evlilik için denenmelidir.

"Rabbi inni lima enzelte ileyye min hayrin fakir"

Anlamı: "Rabbim bana indireceğin her hayra muhtacım" duası da her gün okunur. ALLAH'IN SENİN İÇİN İSTEDİĞİ, SENİN KENDİN İÇİN İSTEDİĞİNDEN ÜSTÜNDÜR. O NEDENLE SADECE HAYIRLISI İÇİN DUA ET.

BESMELE VE SIRLAR

Eûzu billahi mineş-şeytânirracîm. Bismillahirrahmanirrahîm.

Anlamı:

Kovulmuş Şeytan'ın şerrinden Allah'a sığınırım. Rahman ve Rahim Olan Allah'ın Adı ile.. Besmeleyi günlük hayatta dilinden hiç düşürmeyenin Allah her acısını hafifletir,

*Besmele zalimlik ve adaletsizlik yapanın yüzüne karşı 50 defa okunursa, okuyan şer'den korunur.

*Besmele 40 gün boyunca, sabah namazının ardından kalkmadan 2500 defa okunursa, okuyanın tüm enerjisi değişir.

*Besmeleyi günde 1000 defa okuyanın hem dünyada istediği olur, hem de ahirete hazırlanır.

*Besmeleyi her gün sabah ve gece 1000 defa okumaya devam eden; sıkıntıdan, üzüntüden ve hatta hastalıktan kurtulur.

*Besmeleyi 12000 defa okuyup, her 1000'de 2 rekat namaz kılıp ihtiyacını dileyenin, isteği yerine gelir zor da olsa sonuç alır.

*Güneş doğarken güneşe karşı oturup 300 defa besmele okuyan, 300 defa salavat getiren her işinde başarılı olur ve rızkı çoğalır, bereketlenir, borcunu öder.

*Besmeleyi 786 defa bir bardak suya okunup, muhabbet ve sevgisi istenilen kişiye içirilirse, içenin kalbinde "hak ve helal ise" muhabbet meydana gelir.

* Besmeleyi 786 defa bir bardak suya okunup 7 gün sabah güneş doğarken içilirse içen kişinin hayatı dönüşür, blokajı kalkar.

*40 gün riyazet ederek, tam bir itikat ile sabah namazının ardından 2500 defa besmele okuyan kişi değişir, dönüşür, rüyaları çıkar, gizli bilgilere ulaşır.

21 GÜN HİÇ ŞİKAYET ETMEDEN YAŞA, MUCİZEYİ KARŞILA!

Kendine bir imge bul şikayet ederken kendini yakala ve iptal et. Altın makasla kesmek, ışık kılıcı ile olumsuzu iptal etmek, çarpı işareti koymak, ya da sadece "Bu an'ı iptal ettim" demek gibi.

Sözler ve yazılar enerjidir ve yaratıcıdır. Her olumsuz konuştuğunda ve düşündüğünde, bu etkiyi yaydığında, şükür enerjisinde kalmadığında bu 21 günde kendini fark et. O an'ı yakala ve mutlaka iptal et. Sana bunu yaptırabilecek olumsuz kişi, konu, koşullardan uzak durmaya başla. Şikayetin yerine olumlu bir konu, eski olumlu bir anı ya da yeni bir cümle-imge koy. "Olan her şey zaten benim hayrıma, bunu biliyor ve kabul ediyorum, teşekkür ederim" de. İlk günler zor olsa da sonra alışacaksın, önce küçük sonra büyük mucizeler gelecek.

21 günlük yolculuğa hazır olunca başla. Düşüncelerini detoksla, herkese her şeye sevgi gönder.

Bilinçaltımızın herhangi bir düşünceye dayanabildiği süredir 21 gün. Aynı kelimeleri ya da aynı enerjiyi tekrar tekrar söylediğin sürece bilinçaltın 21. günün sonunda bunu yapıyor. Yani ona inanıyor gerçek kılıyor. Şikayet blokajından kurtulurken de o nedenle bu yol kullanılıyor. Şikayet sadece yeniden olumsuzu çağırır ve blokaj verir.

21 gün boyunca bir arınma sürecine sokuyoruz sizi... Bu cümleleri okuduğunuz günden ve andan itibaren 21 gün boyunca:

Düşündüğün her şey sipariştir. Düşüncelerini kontrol et.

Sevgi ver sevgi al.

Olumsuzu her an yakala iptal et.
Değerini keşfet.
Mecbur hissetme.
Sessizliği dinle.

İTİKAF

İtikâfa girmek, arınmaktır. Allah'a ve içe dönüştür. Nefsi yasaklardan korumada etkili bir yöntem olduğu gibi, dünyevî veya değersiz, manevi anlamda faydasız meşgalelerden uzaklaştırıp daha fazla ibadete vesile olmayı sağlar. Hayatın, ruhun anlamı üzerinde tefekkür etme imkânı sağlar. İnsanların her zaman böyle derin tefekküre ihtiyacı vardır. Zaman en değerli hazinemiz onu doğru kullanırken dünya hayatını dünya dışı ve dünya sonrası için de hazırlanarak geçirmek gerekir. İtikâf bu tefekkürü gerçekleştirmek için bir fırsattır, yapan kişi öncesinde ve sonrasında iki farklı kişi gibi olacaktır.

İtikâf yapmak isteyen kişi, itikâf niyetiyle mescid veya mescid hükmündeki bir yerde kalmaya başlayarak itikâfa girmiş olur. Vaktini namaz, Kur'ân, dua, zikir ve tefekkür gibi ibadet ve dini bilgi-kültürünü artıracak sohbet ve okumalarla değerlendirir. Kadınlar evde de uygular. Doğal ihtiyaçlarını gidermek için mescidi meşgul etmeyecek ve kirletmeyecek şeyleri mescide getirebilir. Mescitte yer, içer ve orada istirahat eder, arınmaya başlar. Mescidin içinde giderilmesi mümkün olmayan zaruri ve doğal ihtiyaçları için kısa süreli dışarı çıkabilir.

Nafile itikâflar dışarıya çıkmakla bozulmaz. Ancak vacip itikâflar, zorunlu ihtiyaçlar dışında itikâf mahallinin terk edilmesiyle bozulur. Tercih edilen görüşe göre, itikâfın asgari süresi için bir sınır konmamıştır. İtikaf niyete girerek yapılır, süre içinde olumsuz ve yersiz konuşmalar yapılmaz, oruç tutulur, temizlik şarttır. Seni herkes bırakır Allah bırakmaz. Değersiz ve sadece sınanman için karşına çıkan insanlara bu kadar zaman harcama Allah ile meşgul ol...

AMETİST RİTÜELİ

İstediğin ve dilediğin şey, herkesin, her şeyin, bütünün hayrına olmalı…

Önce arın, doğru zamanı kolla. Evini, odanı enerjiye aç. Kendini iyi hissettiğin zamanı bul. Lavanta yağı tütsüsü ile enerjiyi açıyoruz önce… Kullanacağınız ametist taşı elbette ki orijinal olmalı ve gerek varsa arınmış olmalı… Kaya tuzu ile ovulmuş, toprakta bekletilmiş, Ay ışığı almış olarak…

Evin/ofisin 4 farklı noktasında, 4 elementi simgeleyen 4 mum yakılır.

Hava için mavi, ateş için kırmızı, su için beyaz, toprak için kahverengi… Bu esnada dileğinize odaklanın. Evin merkezindeki bir noktaya kristal/cam kase içine defne yaprağı, çörek otu, kişniş tohumu, pirinç, demir para, ağaç dalı, kuru başak ve ametisti koyuyoruz. Mumlar yarıya inince yanarken, ametisti sol avcunuza alın ve dileğinize odaklanın, imgeleyin… Bu ametisti ritüel gecesi yastık altında bekletip uyuyun, göreceğiniz mesajcı rüyayı not alın. Ertesi gün, yatak odası kapı kulpuna mor kurdele bağlayın. Dilek gerçekleşinceye kadar ametisti her gün 5 dakika elinizde tutun. Dilek tam olarak gerçekleşince kurdeleyi sevgiyle evden çıkarın. Bağış yapmayı da unutmayın.

PARA MIKNATISI

Her zaman sizlerle yaşamış olduğum maddi, manevi büyük çöküşleri paylaşıyorum. Televizyonda, sosyal medyada, kitaplarımda… Beni ben yapan, beni sizlerle buluşturan sıra dışı, hırpalayıcı, dönüm noktası niteliğinde, sefalet içcren eski anılarıma elbette şükrediyorum.

Hayatta her şeyimi kaybettiğim, yiyecek yemek bulamadığım, anneannemim sobalı evinde kaldığım yıllar önceki dönemimde her gece uyku öncesi kendi bulduğum ve zamanla çok işe yaradığını fark ettiğim bir imgelemem vardı.

Geceleri sobayı anneannem çok yakmak istemezdi, erken saatte tek odalı evde divanı yatağa çevirip uyurdum. Soba artık yanmayınca yorganın altına girmem gerekirdi. Gözlerimi kapar tüm evi tomar tomar para ile doldurmaya başlardım. Hissim ve içimden gelen öyle olduğu için, spontane gelişen bir şekilde dolar kullanırdım. Sehpa üstünü, televizyonun üstünü, yerleri, mutfağı tıka basa imgeleme ile doldururdum. Tavana kadar her yer dolana kadar devam ederdim. Aylar sonra önce Allah'ın sonra inanç ve çalışmalarımın sayesinde o yaşamı geride bıraktım. Ben sadece o açlık ve sefillikten kurtulmak istedim ama Allah ve inancım bana daha fazlasını verdi. Çok şükür… Spiritüel uygulamalarda en basit gibi görünen yöntem her zaman en etkilisidir, unutmayın.

DEVRİ ALA

Devri Ala Duası, içerisinde ayetlerin yer aldığı özel çok etkili, sırlı bir duadır. Niyet için okunur, muhabbet sağlar, bereket verir ve daha binlerce sorun için şifadır.

- Allahümme Yâ Hayyû, Yâ Kayyûm, bike tehassantu fahmin-î bi himâyet-î kifâyet-î vikâyet-î hakîkat-î burhân-î hırz-î emân-î "Bismillâhi" **(Fatiha/1)**
- Ve adhilnî Yâ Evvelû, Yâ Ahirû, meknû'el ğayb-î sırr-ı dâiret-î kenz-î "Mâşâallâhû lâ kuvvete illâ bîllahî" **(Kefh/39)**
- Ve esbül a'leyye Yâ Halîmü, Yâ Settâru, kenef-i setr-i hicâb-î sıyânet-î necât-î "Ve'tesımû bihablîllâhi" **(Alî imrân/103)**
- Vebnî Yâ Muhîtû, Yâ Kâdirû, a'leyye sûre emân-î ihâtat-î mecd-î sürâdik-î i'zz-î a'zamet-î "Zâlike hayrûn zâlike min âyâtîllâhi" **(Araf/26)**
- Ve ei'znî Yâ Rakıbû, Yâ Mucîbu, vahrusnî fî nefsî ve dînî ve ehlî ve malî ve veledî, ve dârî Ve mâ hüm bi darrine bihî min ahadin illâ biiznîllâhi" **(Bakara/102)**
- Ve kınî Yâ Mâniû, Yâ Nafiû, bi âyatike ve esmâ-îke ve kelimâtike şerr-eşşeytân vessultan ev zâlimin ev cebbârin beğa a'leyye "Ahâzethû ğâşiyetün min a'zâbîllâh"
- Ve neccinî Yâ Muzill, Yâ Muntekim, min i'badîkezzâlimin el bâğine a'leyye ve e'vânîhîm fe in hemme lî ahadun minhüm bi sûin hazelehûllâhû ve hateme a'lâ sem'ihî ve kalbihî ve cea'le a'lâ basarihî ğişâveten "Femen yehdîyhî min ba'dillâh" **(Casiye/23)**

- Vekfinî Yâ Kâbiz, Yâ Kahhâr, hadîa'te mekrîhîm vardudhûm a'nnî mezmûmîne medhûrîne bi taksîr-î tağyîr-î tedmîr-î "Fe mâ kâne lehû min fi'etin yensurûnehû min dûn'îllâh" **(Kasas/81)**
- Veeziknî Yâ Subbûh, Yâ Kuddûs, lezzet-e münâcât-î "Akbil velâ tehaf, inneke minel'âminîne bi fazlîllâhi". **(Kasas/31)**
- Ve ezikhûm Yâ Dârr, Yâ Mumît, nikâl-u vebâl-î zevâl-î "Fe kuti'a dâbir'ul kavm'illezîne zalemû, velhamdülillâhi rabb'il â'lemîyn" **(En'am/45)**
- Ve eminnî Yâ Selâm, Yâ Mü'min, savlet-e cevleti devlet-îl âdâ-î bi ğayât-î bidâyet-î ayet-î "Lehüm'ül büşrâ fi'l hayâtid-dünyâ ve fil'âhiretî lâ tebdîle likelimâtillâh" **(Yunus/64)**
- Ve tevvicnî Yâ A'zîm, Yâ Muiz'zzu, bi tâc-î mehâbet-î kibriyâ-î celâl-î sultân-î melekût-î i'zz-i a'zamet-î "Ve lâ yahzünke kavlühüm, inn'el İ'zzete lillâhi" **(Yunus/65)**
- Ve elbisnî Yâ Celîl, Yâ Kebir, hila't-e celâl-î ikbâl-î ikmâl-î "Felemmâ ra'eynehû ekbernehû ve katâ'ne eydiyehünne ve kulne hâşa lillâhi" **(Yusuf/31)**
- Ve elki Yâ A'zîz, Yâ Vedûd, a'leyye mahabbeten minke tenkâdu ve takhdau lî bîhâ kulûb-ü i'bâd-îke b-il mahabbeti ve-l mea'zzeti ve-l meveddeti min ta'tîf-î teltîf-î te'lîf-î "Yühibbûnehüm kehubbîllâh, vellezîne âmenû eşeddü hubben lillâh" **(Bakara/165)**
- Ve Azhir a'leyye Yâ Zâhiru, Yâ Bâtınu, âsâr'ü esrâr-i envâr-î "Yühibbuhum ve yühibbunehû ezilletin a'lâl mü'minîne ei'zzetin a'lâl kâfirîne yücâhidûne fî sebilillâhi" **(Maide/45)**
- Ve veccih Allahümme Yâ Samed, Yâ Nûr, vechî bi safâ-î cemâl-î üns-î işrâk-î "Fein hâccûke fekul eslemtü vechiye lillâh" **(Âl-î imrân/20)**

- Ve cemmil'nî Yâ Bedîa-ssemâvati ve'l arz Yâ Zelcelâli ve'l ikrâmi bi'l fesâhati ve'l belâğeti ve'l berâti "Vehlul u'kdeten min lisânî yefkahû kavlî" **(Taha/27)**
- Bi rikkat-î ra'fet-î rahmet-î "Sümme telînü cülûdühüm ve kulûbühüm ila zikrîllâhi" **(Zümer/23)**
- Ve kallidnî Yâ şedîd'el betşi Yâ Cebbâru, Yâ Kahharû, seyf'ül heybeti veş'şiddeti ve'l kuvveti ve'l men'ati min be'si ve ceberût'î i'zzet'i "Ve me'nnasru illâ min i'ndi'llâhi" **(Enfâl/10)**
- Ve edim a'leyye Yâ Bâsit, Yâ Fettâh, behcet'e meserret'i "Rabbişrah lî sadrîy ve yessirlîy emrî" **(Tâ'hâ/25-26)**
- Biletâif'î a'vâtif'i "Elem neşrah leke sadrak" **(İnşirâh/1)**
- Ve beşâirî "Yevmeizin yefreh'ul mü'minûne bi nasr'îllâh" **(Rum/4, 5)**
- Ve enzil'illâhümme Yâ Latîf, Yâ Raûf, bi kalbîy'el îmâne ve'l itminâne vessekînete liekûne min'ellezîne âmenû "Ve tatmainnu kulûbühüm bi-zikrîllâh" **(Ra'd/ 28)**
- Ve efriğ a'leyye Yâ Sabûr, Yâ Şekûr, sabr'ellezîne tedarra'ü bi sebâti yakîn'î temkîn'î "Kem min fietin kalîyletin ğalebet fieten kesîreten bi'iznîllâh" **(Bakara/249)**
- Vehfaznî Yâ Hafîz, Yâ Vekîl, min beyn-i yedeyye ve min halfî ve a'n yemînî ve a'n şimâlî ve min fevkî ve min tahtî bi vucûd-î şuhûd-î cünûd-î "Lehû mua'kkibâtün min beyn'î yedeyhî ve min halfîhî yahfazûnehû min emrîllâh" **(Râd/11)**
- Ve sebbit Allâhumme Yâ Sabitü, Yâ Kâimû, Yâ Dâimû, kademeyye kemâ sebetel kâile "Ve keyfe ehâfu mâ eşrektum ve lâ tehâfûne enneküm eşrektüm billâh" **(En'am/81)**

- Vensurnî Yâ ni'mel Mevlâ ve Yâ Ni'me'nnasîr, a'lâ a'dâî nasr'ellezî kîle lehû "E'tet'tehizünâ hüzûven kâle e'ûzu billâh" **(Bakara/67)**
- Ve eyyidnî Yâ Tâlib, Yâ Ğalib, bi te'yîd'î Nebiyyike Muhammedin Sallallahû A'leyhî ve Sellem el-mueyyedi bi ta'zîz'î tevkîr-î "İnnâ erselnâke şâhiden ve mubeşşiren ve nezîren litu'minû billâh" **(Fetih/8-9)**
- Ve ek finî Yâ Kâfî, Yâ Şâfî, el ada vel esvâi vel edvâi bi a'vâid'i fevâid'i "Lev enzelnâ haz'el Kur'ane a'la cebelin lera-eytehû hâşi'an mutesaddian min haşyet'illâhi" **(Haşr/21)**
- Ve emnin a'leyye Yâ Vehhâb, Yâ Rezzâk, bi husûl-î vusûl-î kabûl-î teysî-î teshîr-i "Külû veşrebû min rizkîllahî" **(Bakara/60)**
- Ve tevellenî Yâ Velî, Yâ A'lîy, bil'velâyeti vel i'nâyeti verriâ'yeti ves-selameti bi mezîd-î îrâd-î isâ'd-î imdâd-î "Zalike min fadzlîllâhi" **(Yusuf/38)**
- Ve ekrimnî Yâ Ğâniyy, Yâ Kerîm, bis seâ'deti ves'siyâdeti vel kerâmeti vel mağfireti kemâ ekremte ellezîne yeğuddûne asvâtehum i'nde Rasûlillâh ve tub a'leyye Yâ Tevvab, Yâ Hekîm, tevbeten nesûhen liekûne min 'ellezîne "İzâ fea'lü fâhişeten ev zalemû enfüsehûm zeker'ûllâhe festağferû lizünûbîhim ve men yağfir'uzzunûbe illâllah" **(Âl-i imrân/135)**
- Ve el zimnî Yâ Vâhid, Yâ Ahâd, kelimet'et takvâ kemâ elzemte Hâbibeke Muhammeden Sallâllâhu A'leyhi ve Selleme haysu kulte "Fea'lem ennehû lâ ilâhe illâllâh **(Muhammed/19)**
- Ve ahtim lî Yâ Rahman, Yâ Râhîym, bi husn'î hâtımet'ennâcîne ver râcîne "Kul yâ i'bâdiyellezîne esrefû a'lâ enfusihîm lâ taknetû min rahmet'îllâh" **(Zümer/53)**

- Ve eskinnî Yâ Semî, Yâ Karîb, cennâti a'dn'ın ui'ddet lil muttekîn "Da'vâhum fihâ subhâneke'llahumme ve tahiyyatehum fihâ selam ve âhiru da'vâhum enilhamdu lillâhi rabbilâlemiyn" **(Yunus/10)**

Duanın sonunda okuyun:

- Yâ Allâhû, Yâ Allâhû, Yâ Allâhû,
- Yâ Rabb, Yâ Nâfi, Yâ Mânî,
- Yâ Rahmân, Yâ Rahîm.
- Es'eluke bi hürmetî hâzihîl Esmâi vel Âyâti vel kelimatî sultanen nasîran ve rızkan kesîren ve kalben karîren ve kabren munîren ve hisaben yesîren ve ecren kebîyran ve Sallallâhu Â'lâ Seyyidinâ Muhammedin ve Â'lâ Âlîhî ve Sahbihî ve selleme tesliman kesîran

VİRDİ SETTAR

En zor dilekleri olduran dua. Umutsuz olamazsın çünkü sen Allah'tan istiyorsun.

Bismillahirrahmanirrahiym* Ya settaru ya settar* ya azizü ya ğaffar* ya celilü ya cebbaru ya mukallibel kulube vel ebsar* Ve ya müdebbiral leyli ven nehar* Hallısna min azabil kabri ven nar* İlahi üstür'uyubena* Vağfir zünubena* Ve nevvir kuburana ve tahhir kulubena* Veşrah sudurana* Ve keffir anna seyyiatina* Ve teveffena meal ebrar* Vahşürna meal ahyar* Sübhaneke ma arafnake hakka ma'rifetike ya ma'rufu sübhaneke ma abednake hakka ibadetike ya ma'bud* Sübhaneke ma zekerna hakka zikrike ya mezkur* Sübhaneke ma şekernake hakka şükrike ya meşkur* Fadlen minallahi ve rahmeten şükran minellahi ve nı'meten lillahil hamdü vel minneh* Elhamdü lillahi alat taati vet tevfiykı ve nestağfirullahe min külli zenbin eznebnahü amedin ve sehvin ve hatain ve nisyanin ve nuksanin ve taksıyr* Allahümme lekel hamdü hamden yüvafi niamike ve yükafi mezideke nahmedü bi cemiı mehamidike ma alimna minha ve ma lem na'lem ve ala külli halin ya mühavvilel hali havvil halena ila ahsenil hal* A'dadtü li küllin hevlin la ilahe illellahü ve li külli nı'metin elhamdü lillah* Ve li külli rahain eşküru lillahi ve li külli u'cubetin sübhanellah* Ve li külli zenbin estağfirullah* Ve li külli müsıybetin innellah* Ve li külli daykın hasbiyellahü ve li külli kadain ve kaderin tevekkeltü alellah* Ve li külli taatin ve ma'sıyetin la havle ve la kuvvete illa billah* Ve li külli hemmin ve ğammin maşaellahü len yağlibellahe şey'ün ve hüve ğalibün ala külli şey'in hasbiyellahü ve kefa* Semiallahü li men dea* La ğayete lehu fil ahırati vel ula la ilahe illellahü vahdehu la şeriyke leh* Lehül mülkü ve lehül hamdü yuhyi ve yümiytü ve hüve hayyün la yemutü ebeden daimen sameden bakıyen bi yedihil hayr ve hüve ala külli şey'in kadir* Ve ileyhil masıyr* Allahümme la uhsıy senaen aleyke ente kema esneyte ala zatike* Azze caruke ve celle senaüke ve la ilahe ğayruk* Errahmanü alel arşisteva lehu ma fis semavati ve ma fil erdı ve ma beynehüma ve ma tahtes sera ve in techer bil kavli fe innehu ya'lemüs sirra ve ahfa* Allahü la ilahe illa hüve lehül esmaül hüsna fed'uhü biha* Sadekallahül azıym* Hüvellahüllezi la ilahe illa hüver rahmanü celle celalühür rahiym* El- Melikül kuddusü es-Selamü el-Mü'minü el-Müheyminü el-Aziyzü el-Cebbaru el-Mütekebbiru el-Hallaku el-Bari'ü el-Müsavviru el-Ğaffaru el-Kahharu el-Vehhabü el-Razzaku el-Fettahu el-Alimu el-Kabidu el-Basitu el-Hafidu er-Rafiu el-Müızzü el-Müzillü es-Semiy'u el-Basiyru el-Hakemü el-Adlü el-Latiyfü el-Habiyru el-Halimü el-Aziymü el-Ğafuru eş-Şekuru el-Aliyyü el-Kebiru el-Hafiyzu el-Mükiytü el-Hasibü el-Celilü el-Kerimü er-Rakıybü el-Müciybü el-Vasiu el-Hakimu el-Vedudü el-Mecidu el-Baısü eş-Şehidü el-Hakku el-Vekilü el-Kaviyyü el-Metinü el-Veliyyü el-Hamidü el-Muhsıy el-Mübdiü el-Müıydü el-Muhyi el-Mümitü el-Hayyü el-Kayyumü el-Vacidü el-Macidü el-Vahıdü el-Ehadü es-Samedü el-Kadiru el-Muktediru el-Mükaddimü el-Mü'ahhıru el-Evvelü el-Ahıru ez-Zahiru el-Batinu el-Vali el-Müteali el-Birrü et-Tevvabü el-Müntekıymü el-Afüvvü er-Raufü malikül mülki zül celali vel ikrami el-Müksitu el-Camiu el-Ğaniyyü el-Muğni el-Maniu ed-Darru en-Nafiu en-Nuru el-Hadi el-Bediu el-Bakıy el-Varisü er-Raşidu es-Sabur* Ellezi tekaddeset anil eşbahi zatüh* Ve tenezzehet an müşabehetil emsali sıfatühu ve şehidet bi rububiyyetihi ayatüh* Ve dellet ala vahdaniyyetihi masnuatüh* Vahidün la min kılleh* Mevcudün la min ılletin bil cudi ma'ruf* Ve bil ıhsani mevsuf* Ma'rufün bi la ğayetin ve mevsufün bi la nihayeh*Evvelü kadimün bi la ibtida* Ve ahırun kerimün mükiymün bi la intiha* Ve ğafera zünubel müznibine keramen ve hılmen ve lutfen ve fadla* Ellezi lem yelid ve lem yuled ve lem yekün lehu küfüven ehad* Leyse ke mislihi şey'ün ve hüves semi'ul besıyr* Nı'mel Mevla ve nı'men nasıyr* Ğufraneke Rabbena ve ileykel mesıyr* Ve hasbünallahü vahdehü ve nı'mel vekil* Ve la havle ve la kuvvete illa billahil aliyyil azıym* Yef'alüllahü ma yeşaü bi kudratih* Ve yahkümü ma yüridü bi ızzetih* E la lehül halku vel emru tebarakellahü rabbül alemiyn* Ve neşhedü en la ilahe illallahü vahdehu la şerike lehu ilahen adilen cebbara* Ve meliken kadiran kahhara* Lız zünubi ğaffara* Ve lil uyubı settara* Ve neşhedü enne seyyidena muhammeden abdühül Mustafa sallellahü aleyhi ve sellem* Ve rasulühül mücteba ve eminühül mukteda şemsüd duha bedrud düca nurul vera sahıbü kabe kavseyni ev edna rasulüs sekaleyn* Ve nebiyyül harameyni ve imamil kıbleteyni ve ceddüs sibtayni ve şefiy'u men fid darayni rasulen mekkiyyen medeniyyen haşimiyyen kuraşiyyen ebtahıyyen kerubiyyen ruhıyyen ruhaniyyen tekıyyen nekıyyen nebiyyen kevkeben dürriyyen şemsiyyen müdıy'en kameran nuran nuraniyyen beşiran neziran siracen müniran sallellahü teala aleyhi ve alihi ve evladihi ve ezvacihi ve ashabihi ve etbaıhi ve hulefaihir raşidinel mürşidinel mehdiyyine min ba'dihi hususan minhüm aleş şeyhış şefikı katiliz zındıyk* Ve fil ğarir refıyk* El mülakkabi bil atıykıl imamü alet tahkıyk* Emirul mü'minine ebi bekri'n es sıddıyk radiyellahü anh* Sümmes selamü minel melikil vehhabi ila emiril evvab*Zeynil ashab*Mücaviril mescidi vel mıhrab*Ennatıku bis savab*Elmezkuru fil kitab*Emirul mü'minine umer ibni'l hattab* Radıyellahü anh* Sümmes selamü minel melikil mennan* İla emiril eman* Habibir rahman* Camiıl kur'an* Sahıbil hayai vel iman* Eşşehidi fi hali tilavetil kur'an* Emiril mü'mininine usman ibn'i affan* Sümmes selamü minel melikil veliyyi ila emiril vesıyy* İbni ammin nebiyy* Kaliı babil hayberiyyi zevci fatımetez Zehra* Varisi ulumün nebiyy* Emiril mü'minin* Ali'yyir radıyyis sehıyyil vefiyy* Radiyellahü anh* Sümmes selamü alel imameynil hümameyn* Es seıydeyniş şehideynil mazlumeynil maktuleyn* Eş şemseynil kameraynil bedraynil habibeynin nesibeyn* Bil kadair radıyeyn* Ve alel belais sabirayni emiral mü'minin* Ebi muhammedil hasen ve ebi abdullahil huseyn* Radıyellahü anhüma* Ve ala ammeynil kerimeyniş şecaaynil müazzameynil muhterameyn* Hamzete vel abbas* Ve ala cemiıl mühacirine vel ensar* Vet tabiıynel ahyari vel ebrari rıdvanüllahi teala aleyhim ecmeıyn* Ve sellim teslimen ve azzım ta'zıyma* Ebeden daimen hamden kesiran kesiran ila yevmil haşri vel karar* Allahümme zeyyin zavahirana bi hıdmetike ve bevatinena bi ma'rifetike* Ve kulubüna bi mehabbetike* ve ervahana bi müavenetike* Ve esrarana bi müşahedetik* Allahümmec'al fi kalbi nuran ve fi sem'i nura* Ve fi besari nura* Ve an yemini nura* Ve an şimali nura* Ve fevkıy nura* Ve tahti nura* Ve emami nuran ve halfi nura* Vec'alni nuran bi rahmetike ya erhamer rahımiyn* Allahümmestecib duaena(amin) veşfi merdana(amin) verham mevtana (amin)* La ilahe illellahü la ilahe illlellahü la ilahe illallah muhammedün rasulüllillahi hakan ve sıdka Ve salli ala külli nebiyyin ve melekin estağfirullahe estağfirullahe estağfirullah* Min cemiı ma kerihellahü kavlen ve fi'len ve amelen ve havatıran ve nazıran ve etubü ileyh* Sübhanellahi(33 defa) Elhamdü lillahi(33 defa) Allahuekber(33 defa) Velhamdü lillahi hamden kesira* Fe sübhanellahi ve bi hamdihi bükraten ve esıyla* Ve tealellahü meliken cebbaran kahhara* Ve ğaffaran settara* Sültanen ma'buden kadimen kadira* La havle ve la kuvvete illa billahil aliyyil azıym* Va'fü anna ya kerimü vağfir lena zünubena ya rahmanü ya rahıymü amin*

BÜYÜK DİLEKLER İÇİN

Hacet Duası; Hacet Allah-u Teala'dan yerine getirilmesi istenilen bir dilektir. Gönülden dua edilerek duanın gerçekleşmesini beklemektir, Allah isterse verir istemezse vermez. Dileklerin gerçekleşmesi için dua ederken herkesin hayrına olanı isteyin...

Bismillahirrahmanirrahiym. Ve la havle ve la kuvvete illa billhi'l-Aliyyi'l-Azim. Allahümme inni es'elüke ya Kadimü, ya Daimü, ya Ferdü, ya Vıtru, ya Ahadu, ya Samedü, ya Hayyü, ya Kayyumü, ya Ze'l- Celali ve'l-ikram. Fe in tevellev fe kul hasbiyallahü la ilahe illahu aleyhi tevekkeltü ve Hüve Rabbü'l-Arşi'l-Azim.

Allâhumme ileyke eş'kû dâ'fe kuvvetiy ve kîllete hiletiy ve hevâniy alennâs; Yâ Erhamerrahimiyn ente Rabbül müstad'âfiyn; ente erhamu biy min entekileniy ilâ aduvvin baiydin yetecehhemuniy ev ilâ sadıykın karîbin mellektehu emrî. İn lem tekûn gadbane aleyye felâ ubâliy gayre enne âfiyeteke ev seûliy. Euzü binûri vechikellezi eşrekat lehu zulûmatu ve salâha aleyhi emriddünya vel âhıreti en yenzile bi gadabüke ev yehılle aleyye sehatük; ve lekel utba hatta terda ve lâ havle velâ kuvvete illâ bike.

AMİN

GÜÇLÜ DİLEK DUASI

Miftahul Cennet Duası, en güçlü ve en büyük dilek dualarındandır... Bolluk kapıları açılır, kişi hastaysa şifa bulur, her türlü kazadan ve beladan korunur, kısmeti ve gönül gözü açılır. Bu duayı okuyanın dilekleri kabul olur, her işi iyileşir.

Miftahul Cennet Duası

- **"Bismillahirrahmanirrahim**
- **Ve ilahüküm ilahün vahıd la ilahe illa hüver rahmanür rahiym.**
- **Allahümme edhılil cennete la ilahe illellah, Muhammedün Rasulullah.**
- **Ve kul Rabbi euzü bike minhemezatiş şeyatiyni ve euzü bike rabbi en yahdurun.**
- **Allahümme edhılil cennete la ilahe illellah, Muhammedün Rasulullah.**
- **Kul rabbi enzilni münzelen mübareken ve ente hayrul münzilin.**
- **Allahümme edhılil cennete la ilahe illellah Muhammedün Rasulullah.**
- **Rabbic'alni mükıymes salati ve min zürriyeti Rabbena ve tekabbel düa.**
- **Allahümme edhılil cennete la ilahe illellah, Muhammedün Rasulullah.**
- **Rabbena tekabbel minna inneke entes semiy'ul alim.**

- **Allahümme edhılil cennete la ilahe illellah, Muhammedün Rasulullah.**
- **Rabbena heb lena min ezvacina ve zürriyyatina kurrate a'yünin vec'alna lil müttekıyne imama.**
- **Allahümme edhılil cennete la ilahe illellah, Muhammedün Rasulullah.**
- **Rabbişrah li sadri ve yessir li emri vahlül ukdeten min lisani yefkahü kavli.**
- **Allahümme edhılil cennete la ilahe illellah, Muhammedün Rasulullah.**
- **Rabbena zalemna enfüsena ve in lem tağfir lena ve terhamna le nekunenne minel hasirin.**
- **Allahümme edhılil cennete la ilahe illellah, Muhammedün Rasulullah.**
- **Rabbena etmim lena nurana vağfir lena inneke ala külli şey'in kadir.**
- **Allahümme edhılil cennete la ilahe illellah, Muhammedün Rasulullah.**
- **Rabbena efrığ Aleyna hayran ve teveffena müslimin.**
- **Allahümme edhılil cennete la ilahe illellah, Muhammedün Rasulullah.**
- **Rabbenağfir lena zünubena ve keffir anna seyyiatina ve teveffena meal ebrar.**
- **Allahümme edhılil cennete la ilahe illellah, Muhammedün Rasulullah.**
- **Rabbi la tezerni ferden ve ente hayrül varisin.**
- **Allahümme edhılil cennete la ilahe illellah, Muhammedün Rasulullah.**
- **Rabbenağfir lena ve li ıhvaninellezine sebekuna bil iman.**

- **Allahümme edhılil cennete la ilahe illellah, Muhammedün Rasulullah.**
- **Rabbenasrif anna azabe cehenneme inne azabeha kane ğarama.**
- **Allahümme edhılil cennete la ilahe illellah, Muhammedün Rasulullah.**
- **Ve kul rabbirhamhüma kema rabbeyani sağıyra.**
- **Allahümme edhılil cennete la ilahe illellah, Muhammedün Rasulullah.**
- **Fe se yekfikehümüllahü ve hüves semiy'ul alim.**
- **Allahümme edhılil cennete la ilahe illellah, Muhammedün Rasulullah.**
- **Ya Hayyü Ya Kayyumü Ya Zel celali vel ikram**
- **Bi rahmetike Ya Erhame'r rahimiyn."**

KAPALI KAPILARI AÇMAK

YA HALİK esma'sını işleri düğümlenmiş ya da çözülmesi gecikmiş kişiler okur. Umut kesilmiş, bitti gözüyle bakılan konularda bile mucize sonuçlar verir... 5115 defa zikredip hacetini Hak'tan istersen kabul görür. Ayrıca, gece uyku öncesi, 100 defa **YA HALİK** ism-i şerifini okuyan ve " Ya Rabbim, yakınımın halini bana bildir " diye dua edenin Allah duasını kabul ederse ve haber alamadığı şeyi, rüya ya da vizyon/ durubiliş yolu ile kuluna bildirebilir.

EL –HALIK anlamı: Her şeyi yoktan var eden, yaratma gücü olan. Her şeyin varlığını ve yaşadığı sürece geçireceği tüm halleri önceden tespit edebilen. Meydana getiren demektir.

Allah'ın yaratıcılığı, bizim anlayamayacağımız kadar geniş ve eşsizdir. Allah'ın "yaratma" sıfatı çok özeldir. Bu esma derin anlamlar içerir.

ÇEKİM GÜCÜ

Eğer yeni edindiğimiz bilgilerin kalıcı olmasını istiyorsak, onu tekrarlamalıyız. Bu, bir öğrenme sürecidir ve sadece sık sık tekrar yaparak bilgilerin beynimize yerleşmesini sağlayabiliriz. Olumlu inanç cümlelerini neden oldukça sık tekrarlamamız gerektiğini bu cümleyle de açıklayabiliriz.

İstemediğimiz inançlarımızdan kurtulmanın yolu, arzu edilen yeni inançlarla sıkça meşgul olmaktır.

Bütün istek ve olumlama cümleleri enerji alanımızı yeniden programlar.

Yapılması gereken şey, eski olumsuz inanç kalıplarını, yaşamımız üzerindeki etkileri ile birlikte devreden çıkarmak ve olumlu yeni enerji alanları oluşturmaktır.

Başarılı insanların hayat hikayeleri ile ilgilen. Başarılı yaşam öykülerini konu alan kitaplar oku, filmler seyret. Odaklan, ona gelen bana da gelir diye düşün.

Para sıkıntısı çekerken, ekonomik özgürlüğe ulaşmış insanların hikayeleriyle meşgul ol.

Aşk, sevgi istiyorsan bunu önce sen insanlara vermeyi dene.

"Mucize" içeren şeylerle ilgilen. Çünkü sen de doğuştan bir mucize'sin, sadece bunu sonradan unutmuş olabilirsin. Dünyadaki hiçbir insanla aynı değilsin, Allah seni tek ve eşsiz yarattı.

Bir engel aramakla vakit kaybetme,belki hiçbir engel yoktur. Engel sensin, çözüm de sensin. Kurtarıcı arama, kurtarıcı da sensin. O güç doğuştan zaten senin içinde.

Bir insanın bizi etkilemesine izin veriyorsak, bu ruha ait bazı özellikler, bizim içimizde de mevcut demektir. Etrafındaki insanlar seninle aynı enerjidedir. Benzer insan enerjileri birbirini çeker. Sana hizmet etmeyen, enerjini aşağı çeken ruhları sevgiyle gönderebilirsin.

Her şey birbiriyle bağlantıdadır ve öz'de birdir. Enerji sana her zaman "evet" der, ya sen iptal edersin ya da inanmazsın. İşte bu yüzden istediğin olmaz. Düşündüğün, hissettiğin, yaptığın her şey enerji alanı oluşturur.

ÖZEL OKUMA

Allah'ın Es-Semi ismi şerifi: Gizli veya açık, her varlığın tüm seslerini ve hareketlerini duyan bilen, her duayı, yakarışı dinleyip işiten.

Her gün, her an zikredilebilir.

Bu ismin zikri 180 kere "Ya Semi Celle Celalühü" şeklinde de okunur.

Bu zikre devam eden kişilerin her türlü dilek ve duası kabul olur ve istediğine kavuşur.

Muhabbet için de etkilidir... Niyet edip **18.000 kere "Ya Semi"** okuyan ve her 100'de istediği kimseye odaklanan, isteğinin yerine gelmesi için Allah'a yalvaran kişi "hak ve helal" ise o kişinin kalbini yumuşatır, küslük biter, sevgi ve muhabbet başlar.

DÖRT BÜYÜK MELEĞİN ALNINDA YAZILI OLDUĞU RİVAYET EDİLEN DUA

Allâhümme inni Es'elüke yâ rahmânü yâ rahıymü ve yâ cârel müstecirine ve yâ emânel hâîfine ve yâ ımâde men lâ ımâde lehü ve yâ senede men lâ senede lehü ve yâ zuhra men lâ zuhra lehü ve yâ hırzed duafâi ve yâ aziymer racâi ve yâ münkızel helkâ ve münciyel ğarkâ ve yâ muhsinü ve yâ mücemmilü ve yâ mün'ımü ve yâ müfaddılü ve yâ azıyzü entellezi secede leke sevâdül leyli ve dav'ün nehâri ve şüâüş şemsi ve hefifüş şeceri ve deviyyün nahli ve nürül kameri yâ allâhü yâ allâhü lâ şerike leh*Es,elüke en tüsalliye alâ muhammedin ve alâ âli Muhammed.

ESMA-ÜL HÜSNA (ÖZEL OKUMALAR)

Her gün 1312 kere YA MALİKÜL MÜLKİ ZÜL CELALİ VEL İKRAM esmalarına devam eden kişi, bolluk içinde olur, yeni fırsatları çeker.

Huzur, güven, korunma ve bazı bilgilere ulaşmak için her gün 2116 kere YA VELİYY okunur.

Ticari alanda zor bir konunun önünü açmak için 18769 kere YA VASİ zikri yapılır.

17161 kere YA SELAM esmasını okuyarak, sevgi görmek, evlilik yapmak, çocuk sahibi olmak ve sağlık için enerji alanına geçebilirsiniz.

Sevgi ve huzur için, dinginlik için YA RAHMAN esması 20860 kere okunur.

18440 kere okunan YA MUKADDİM esması güç ve zaferi sağlar, başarı ve bereketi getirir.

21 gün boyunca her gün 10000 defa YA MUHYİ zikri devam ettirilirse zor bir hastalıkta şifa olabilir.

16641 kere YA LATİF esmasının zikrine devam edilirse, maddi manevi her konuda dilekler gerçek olur.

Sağlık sorunları ve kapalı konuların önünü açmak için YA KAVİYY esması 13464 kere zikredilir.

11664 kere okunan YA HAKK esması imanı güçlü kılar, hak ettiğini almanda kapıyı açar.

12996 kere EL CAMİ esması okunarak sevdiğinle barışabilir, enerji alanını güçlendirirsin.

ALLAH

Sen Allah'a kul olursun, O sana her şeyi zaten seferber eder.

İnsanlardan bir şey bekleme, Allah'tan bekle. O zaten gereken herkesi isterse vesile eder.

Kadere iman et, kötü kader olamaz. Her kader ayrı güzeldir, onu yazandan ötürü. Kötü kader sandığın senin en büyük şansın.

Allah gizli ve açık her şeyi bilir, sen asla O'nun önünde yanlış anlaşılmazsın.

Her şeyi Allah'a havale ettiğinde, hafifler, arınır ve güçlenirsin.

Güç, güçlü olanı bilmektir. Allah'ın sonsuz gücü karşısında kendi küçücük sınırını bilmekle hakikat yolculuğu başlar...

Allah sevgisi dışında hiçbir sevgi gerçek değil, yanılsamadır. Öz ve tek O'dur. O nedenle bu kitabın adı da EL VEDÛD oldu...

Şükretmelisin her şeye, hepsi Allah'tan geldiğine göre...

Allah'ı seven, herkesi sever. Herkesi O yarattı. Herkesin görevi var, yolu ayrı. Buluşma ve yol kesişmeleri de ilahi planın parçasıydı.

Allah'ın kapısı sana hep açıktır, ne yapsan yine affetmeye hazırdır. İşte o seni bu kadar çok seviyor ve koruyor.

Gelen imtihanı fark et, teşekkür et, devamında Allah izin verir ve o dert seni bırakır.

Sana Allah yardım ederse, o zaman kimse engelin olamaz...

Senin ihtiyacını, çözüm yolunu en iyi seni Yaradan bilir. Teslim ol ve bekle...

Her olay ve yaşanan Allah'ı hatırlamak içindir. Sadece O vardır...

Aşırı dünya sevgisi ruhuna yaptığın haksızlıktır. Yolun sonu başka bir yer bunu unutma.

Kalbin kırıldığında üzülme ve kendine acıma, Allah kalbi kırılanı bilir, kollar…

Ümidim yok diyemezsin eğer sadece Allah'tan bekliyorsan.

Kalbini kıranı Allah'a bırak. Onun da Yaradanı O çünkü…

Affet ve yoluna bak enerjin sana lazım…

Sadece Allah yeter sana.

SPİRİTÜEL BAŞARI YOLU

İste ve daha çok inan
İptal etme, erteleme
Herkesin hayrına olanı iste
Nasıl olacağına çok takılma
Detaylandır; sonuç ve gelişmeler nasıl olacak, neler bu yolda seni bulacak
Karar ver ama kesin olsun
Şüphe etme
Olabilirliği sorgulama
Hak ettiğine emin ol
Değersizlik yaşama
Eyleme geç gereken adımı at
Motive ol kimseye kulak asma
Konu hakkında bilgi topla
İmgele
Olmuş gibi yaşa
Hedefe odaklan
Kararlı ol kesin ve kesin ol
Hedefi değiştirme, gerekirse sadece yolu değiştir
Kendini onayla ve takdir et
Enerjini yükselt
Frekansını üst seviyeye geçir
Dingin kal, olumsuzlardan arın
Sezgilerini kullan, bilinçaltını dinle
Önceden çok teşekkür et, daha dileğin olmadan bile

YAŞARKEN BUNLARI UNUTMA...

Dünyanı oluşturan senin inanç şeklindir.

Bilinçli zihin, zihnin %10'uyken, bilinçaltı %90'lık bilgiye sahip. Orayı keşfet...

Her şey bilinçaltında kayıtlı.

Yoğunlaş ve talep et, cevap gelecek...

Her kaldırdığın engel, seni ilahi giriş kapısına yaklaştıracak.

Bilinçaltı gözle görünen ve imgeleme arasında fark görmez. Gerçek sandığını yürürlüğe koyar.

Affetmek özgürleşmektir. Ona gidip söylemek değildir, enerjini bu olumsuzdan çekmendir.

Arzu ettiğinden çok, onayladıkların yaşamına çekilir.

Düşünce sistemi değişmeden dönüşüm tam olarak gerçekleşmez.

Tüm olanlar seninle ilgili.

Her olmuşun sorumluluğunu al ki gücün artsın.

Enerji kanalını aç.

Bir değişim bir diğer değişimi kamçılar.

Kendi kendinin terapisti de olursun şifacısı da...

Yeni bir şey görmek değil, yeni enerjin ile bakabilmen gerek en başta...

Sonucu net belirle. Hedefi kesin koy. Farkında ol ve eyleme geç.

Ağzından ve enerjinden çıkan her olumsuzu artık iptal et.

Her yere her şeye görünmeyen enerji bağları ile zaten bağlısın, istediğin yere ve kişilere ulaşabilirsin.

Öfke sandığın şeyin altında "korku" gerçeği yatıyor.

Aklın, inandığı her şeyi gerçekleştirebilir.

Bil, inan, kabul et, şükret. TEKRAR ET.

BAŞARMAK İSTİYORSAN, KENDİNİ ŞİMDİDEN BAŞARMIŞ OLARAK GÖR.

Mucizen, sen enerjini korkularının üzerinden tamamen çektiğin gün başlar…

TÜM NİYETLERİN TAM DA ŞU AN'DA GERÇEKLEŞİYOR...

Sonuca bağımlı olma.

Arzulu ol ve korkma.

Her engeli fırsata dönüştür.

Yaşam amacına hizmet et.

İlahi güç ile işbirliği içindesin, kendini enerjini asla küçümseme

Sınırsız olasılıklar diyarındasın

Senin içinde bir bilge var

İnsanları ve koşulları kendi enerjinle çekebilirsin

İçindeki güç devamlıdır

Kendinle olan ilişkin nasılsa, başka insanlarla olan da öyledir

Doğada zaman geçirmek yaratıcı enerji sağlar...

Elinde tutma, ver, verirken sevgi ile ver. Bu akışı sağlar...

Her eylem kendine döner, zeki her insan iyidir o nedenle...

Evrende her borcun ödeneceği bir gün vardır...

Her eyleminin temeli sevgi olmalı.

Kim veya ne seninle beraberse şu an yaşamında, emin ol tekamülün bu bölümünde onlar senin ihtiyaç duydukların zaten...

Gelecek şu an oluşuyor, niyete gir.

Olanı olduğu gibi kabul et.

Her insan kutsaldır, sadece bazen bunu unutur veya önemsemez...

KRİSTALİN SIRRI

Tüm bilgileri kod'layan kristallerle, şifa ve niyetlerimiz için de çalışabiliriz.

Kuvars kristalinize okuyacaklarınız:

801 adet YA AHİR

150 adet YA ALİM

110 adet YA ALİYY

1020 adet YA AZİM

156 adet YA AFÜVV

104 adet YA ADL

66 adet YA ALLAH

Güçsüz, çaresiz, bitkin ya da güvensiz hissettiğiniz zamanlarda kristalinizi sol avucunuzda tutun.

KARİA SURESİ

Bismillahirrahmânirrahîm.

1- El kariah

2- Mel kariah

3- Ve ma edrake mel kariah

4- Yevme yekunün nasü kelferaşil mebsus

5- Ve tekunül cibalü kelıhnil menfuş

6- Fe emma men sekulet mevaziynüh

7- Fe hüve fi ıyşetir radıyeh

8- Ve emma men haffet mevaziynüh

9- Fe ümmühu havıyeh

10- Ve ma edrake mahiyeh

11- Narun hamiyeh

Dargın kişileri barıştırmak, güçlü olmak, zorlukları aşmak ve değişim için okunur.

OLUMSUZ ENERJİLERDEN KORUNMAK İÇİN

7 Salavatı Şerife

7 Fatiha Suresi

7 Ayetel Kürsi

7 Kafirun

1 Kalem Suresi

1 Bakara Suresi

1 Yunus Suresi

7 İhlas Suresi

7 Felak

7 Nas okunur

BLOKAJLARI VE NAZARI KALDIRMAK İÇİN

1 TAHA SURESİ
8 FETİH SURESİ
41 FELAK – NAS SURELERİ
789 BESMELE
70 FATİHA SURESİ
41 YASİN SURESİ
Suya okunur, içilir.

UĞRU ABBAS DUASI

Bismillâhirrahmânirrahîm. Allâhümme innî estağfiruke min külli mâ tübtü anhu ileyke sümme udtü fîhi ve estağfiruke min külli mâ eredtü bihî vecheke fehaletâni fîhi mâ leyse fîhi ridâuke. Ve estağfiruke linniamilleti tekavveytü biha ala masiyetike ve estağfiruke minezzunubilleti la yâ'lemuhâ gayruke velâ yettaliu aleyhâ ehadün sivâke velâ yeseuhâ illâ rahmetüke vela tünci mınha illa mağfiretük. Hilmuke la ilahe illa ente sübhaneke innî küntü minezzâlimîn. Allâhümme innî estağfiruke min külli zulmin zalemtü bihî ibâdeke feeyyümâ abdin min ibâdike ev emetin min emetike zalemtü fî bedenihî ve ırzihî ve mâlihî featihî min hazâini kelleti lâ tenkûsu. Ve es'elüke en tükrimeni birahmetikkelletî vesiat külli şey'in velâ tuhinenî biazâbike ve tu'tiyenî mâ es'elüke feinnî hakîkun birahmetike yâ erhamerrâhimîn. Ve sallallâhu alâ seyyidinâ Muhammedin ve âlihî ve sahbihî ecmaîn. Velâ havle velâ kuvvete illâ billâhil aliyyil azîm.

Arınmak, dilekler için okunur...

KENDİ SESİNİZLE KAYDEDİP 21 GECE DİNLEYİN

* *Ben daima başarılıyım.*
* *Muhteşem bir çekim alanım var.*
* *Gücü hep hissediyorum.*
* *Bolluk ve bereket her an hayatımda.*
* *Sağlığıma, mutluluğuma, huzuruma, başarılarıma katkıda bulunacak herkes benimle.*
* *Yaşamda doğru seçimler yapıyorum*
* *Yaptığım her seçim, her zaman benim için doğru.*
* *Zihnimin olağanüstü iyileştirici gücü var.*
* *Enerjim beni daima sağlıklı, genç ve istekli yapıyor.*
* *Dünya bana şifa veriyor.*
* *Her güzelliğe layığım.*
* *Düşüncelerime hakimim.*
* *En iyiyi seçiyorum.*
* *Bugün yepyeni, sevgi dolu, bereketli bir hayata başlıyorum.*
* *Değerliyim.*
* *Bağışlıyor ve bırakıyorum. Anlıyor ve seviyorum.*
* *Kendi hayatıma sahip çıkıyorum.*
* *Teşekkür ediyorum.*
* *Affediyorum, mutluluğu ve huzuru seçiyorum.*
* *Yolumda mutlulukla huzurla ilerliyorum.*
* *Daha iyi bir geleceğe kapım açık.*
* *Kendimi ve diğerlerini sevgiyle affediyorum.*

BEREKET ÇEKİ RİTÜELİ

İnternetten boş çek örneklerini bulabilirsiniz ya da bir kağıda kendiniz çizin. Sol üst köşeye paranın gelmesini istediğiniz zaman aralığını sağ üst köşeye isim/soy isim, ortaya ihtiyacınız olan para miktarını, sol alt köşeye parayı nasıl almak istiyorsanız onu (nakit ya da hesabıma gibi) yazıp sağ alt köşeye de imzanızı atın. Atarken "ve öyle de oldu" deyin. Daha sonra bu çek kağıdınızı kalp çakranıza koyarak bugüne kadarki olumlu para deneyimlerinizi tekrar kendinize imgeleme ile hatırlatın. Sonra çeki sol avcunuzda açık şekilde tutun kalbinizden mor ışık çıkarıp çeke yönlendirin, para ile yapacağınız eylemlere odaklanın, bunları çekin üzerinde imgeleyin... Cüzdanınızda taşımaya başlıyorsunuz çeki artık ve "olmuş enerjisi ile" akışta kalın. Bağış yapmayı hayvanları beslemeyi melek mesajlarını takip etmeyi unutmayın. 1312 kere YA MALİKÜL MÜLKİ ZÜL CELALİ VEL İKRAM esması da okunur.

Unutmayın ki paranın nasıl, nereden hangi yolla geleceğiyle ilgili sınır koyulmaz çünkü evrende ve enerjilerde kaynak sınırsızdır. Çok fazla çaba ve çalışmak da korku enerjisidir. Elinden geleni yaptıysan artık akışta kal. Bolluk herkesin hakkıdır bereket ise azdan çoğu yapmaktır. Eğer bolluk istiyorsan yaşamında, sen bunu önce bitkilere, hayvanlara, insanlara sunmalısın

İNCİLİ DUA

Sevgisini kazanmak istediğin kişi senin için helal ise, hayırlı ise... İnci üzerine onu düşünerek 7 İstiğfar 7 Salavat okunur. Abdestli olarak kıbleye yönelik oturulup 818 defa Rum Suresi/21. ayeti okunur. Ardından 1001 defa Ya Vedud (c.c) okunur. Resim varsa kişiye ait, resmi bu esnada önünde durur. 3 gün üst üste ya da 7 gece üst üste devam edilir. İnciyi takmaya, taşımaya başlayın...

Rum Suresi 21. Ayet

Rum Suresi 21. Ayet: Ve min âyâtihî en halaka lekum min enfusikum ezvâcen li teskunû ileyhâ ve ceale beynekum meveddeten ve rahmeh (rahmeten), inne fî zâlike le âyâtin li kavmin yetefekkerûn (yetefekkerûne).

HACET MEKTUBU

Özel bir dileği olan kimse bu satırları bir kağıda yazarak akar suya bırakır.

Sonra aşağıdaki duayı da okumaya devam ederse ALLAH'ın izniyle ve hayırlı ise gerçekleşir..

YAZILACAK VE AKAR SUYA BIRAKILACAK DUA:

"Bismillahirrahmanirrahim. Min abdiıizzelil ila rabbihil celiyl. Rabbi inniy messeniyeddurru ve ente arhamürrahımiyn"

3 veya 7 gün tekrar edilebilir. Yaparken mesajcı rüyalar da görülebilir.

ÖZEL DİLEK DUASI

786 Besmele çekilir

3 kere Salavat getirilir

19 kere bu dua okunur:

Allâhümme innî eselüke bi hakki bismillâhirrahmânirrahîm.

Ve bi hurmeti bismillâhirrahmânirrahîm.

Ve bi fadli bismillâhirrahmânirrahîm.

Ve bi azameti bismillâhirrahmânirrahîm.

Ve bi celâli bismillâhirrahmânirrahîm.

Ve bi cemâli bismillâhirrahmânirrahîm.

Ve bi kemâli bismillâhirrahmânirrahîm.

Ve bi heybeti bismillâhirrahmânirrahîm.

Ve bi menzileti bismillâhirrahmânirrahîm.

Ve bi melekûti bismillâhirrahmânirrahîm.

Ve bi ceberûti bismillâhirrahmânirrahîm.

Ve bi kerâmeti bismillâhirrahmânirrahîm.

Ve bi senâi bismillâhirrahmânirrahîm.

Ve bi behâi bismillâhirrahmânirrahîm.

Ve bi Kibriyâ bismillâhirrahmânirrahîm.

Ve bi sultâni bismillâhirrahmânirrahîm.

Ve bi bereketi bismillâhirrahmânirrahîm.

Ve bi ızzeti bismillâhirrahmânirrahîm.

Ve bi kuvveti bismillâhirrahmânirrahîm.

Ve bi kudreti bismillâhirrahmânirrahîm. İrfa' kadrî ve'şrah Sadrî ve yessir emrî ve ücbir kesrî ve ağni fakrî ve etıl ömrî bi fadlike ve keremike ve ihsânike yâ men hüve kef hâ yâ ayn sâd hâmîm ayn sîn kâf elif lâm mîm elif lâm mîm sâd elif lâm mîm râ, hâ mîm bi sirri ismil a'zamullâhü lâ ilâhe illâ hüvel hayyülkayyûmül aliyyül azîmül ekram. Eselüke bi celâlil heybeti ve biızzil ızzeti ve kibriyâil azameti ve ceberûtil kudreti en tec'alnî minellezîne lâ havfün aleyhim ve lâ hüm yahzenûn. Ve eselüke bi devâmil bekâi ve dıyâin nûri en tec'alnî minessâlihîn. Ve eselüke bi hüsnil behâi ve bi işrâki vechikel kerimi en tedhulenî bi rahmetike fî cennâtin neîmi yä rabbel âlemîn.

Ve en tüsallî alâ seyyidinâ muhammedin ve alâ âli seyyidinâ muhammedin vef'al lî kezâ ve kezâ (bu ifadeden sonra, dua eden kişi dileğini ifade eder).

BOLLUK SENİN DOĞUŞTAN HAKKIN

Fatiha Suresi okunur ve sonra ''Hüvel evvelü vel ahiru vez zahiru vel batınü ve hüve bi külli şey in alim'' ayeti ile devam edilir. Ardından iki rekat hacet namazı kılınır. Namazdan sonra 55 defa YA DAİM, 65 defa YA DEYYAN ismi şerifleri okunur. Evdeki kullanılmayan eşyalar bağışlanır, eve yeni ve solmaması gereken saksıda çiçek satın alınır. Taneli gıdalarla dolu 3 yeni kavanoz yapılır mutfağa ve para cüzdanına mor kumaş içinde çörekotu koyulur...Bol bereketli günlere..

İNANÇ

Allah isterse zaten OL'ur. Zaman ve Oluş şekli de önemsiz kalır O "OL" deyince..

Ve tüm Dünya bir araya gelse O'nu engelleyemez...

Duanı et ve uyu. Unutma; sen Mutlak Güç'ten istiyorsun... Bundan huzurlusu yok.

Seni yaptığın tüm hatalara rağmen sadece Allah asla terk etmez ve sever.

Her seferinde O bağışlar...

Peki sen her an'ında bu değerini biliyor ve yaşamına sahip çıkıyor musun..

Kulluk etme mertebesinden aşağıya bakmadan kalabiliyor musun...

Allah için yaptığın hiçbir şeyin arkasını takip etme.

Bir ruh teslimiyeti öğrenince kendini bulur...

Derdi de sevmen gerekir, O'nu verenden dolayı...

Ve o dert seni güçlendirdiyse, düşündürdüyse, öğrettiyse, dualara yönelttiyse, Allah'a yaklaştırdıysa, o artık bir dert değildir.

SU MEDİTASYONU

"Her şeyi sudan yarattık."

Enbiya Suresi/30

Önce rahat ettiğiniz bir pozisyon alın. Yani oturun veya uzanın. Nane yağı tütsüsü ile enerji alanınızı açın... Gözlerinizi kapayın. Sessizliğe gömülün, derinleşin... Daha sonra kendinizi bir deniz kıyısında düşünün. Ancak bu sadece düşünmeyle kalmasın, hissedin orayı tüm detayları ile... Daha sonra yavaş yavaş Deniz'in içine girin. Suyu hissedin, su sizi sarıyor ve arındırıyor. Tamamiyle suyun içindesiniz artık. Orası yeni bir dünya sizin için. Yani istediğiniz her şeyin gerçek olduğu yer. Her şey size bağlı. Oradaki yöneten enerji kalbiniz, ruhunuz, sevginiz. Suyu hissederek yaşayın orayı.

Bu meditasyonu 45 dakika boyunca yapın. Tüm enerjinizi oraya verin, başka konuları içeri almayın. İnternetten okyanus, su sesi gibi meditasyon sesleri de bulup dinliyebilirsiniz.

GİZLİ SIRLAR

"Gaybın anahtarları Allah'ın katındadır."

En'am Suresi/59

EL-HABİR: Olmuş olan, olmakta ve olacak olan her şeyi bilen, her şeyden haberdar olan. Haber almak için hiçbir araca ihtiyacı olmayan.

Allah'ın ulaşmadığı yer, zaman, mekan, olay, konu, canlı yoktur.

Ebced değeri ve zikir saati: Zikri **812** adettir. Zikir saati **Güneş,** günü **Pazar**'dır.

Etkileri:

- Sırlara ulaşmak için okunur.
- Her gün 812 defa okumaya devam eden kimse, ruh olarak derinleşir, arınır, manevi zenginlik elde eder. Dünya dışı ile bağ kurar, mesajcı rüyaları artar...
- Bir kimse yatmadan önce 7 defa "Ela ya'lemü men halak, vehüve'l-latifü'l-Habir" ayetini okursa, dilediği şeyi ve istihare ettiği konuyu rüyasında mesajla veya sembollerle görür.
- Bu isim suya okunup içilirse durubilişi artırır.

ALLAH SEVGİSİ

"Allah size şah damarınızdan bile daha yakındır."

Kaf Suresi/16

KALBİN KIRILINCA Allah'ın melekleri sana gelir, bu dünyayı çok dinlersen sen onların sesini duymayabilirsin...

Allah doğduğun gün sana bu dünyada ihtiyaç duyacağın her şeyi zaten verir, ama yolunda ilerledikçe sen tek ihtiyacının ALLAH olduğunu anlamış olacaksın.

Allah her şeyi biliyor, insanlar sana inanmıyorsa isyan etme...

Seni gerçek sevgiye ve mutluluğa sadece Allah ile meşgul olmak taşır.

Allah var umutsuz olamazsın...

Allah'tan uzak olan bir insan sence sana yakın olabilir mi... Herkesi sev ama herkesin enerjini çalmasına izin verme.

Allah'a duanı dilinle değil kalbinle et.

Allah ile arandaki köprü dualarla inşa edilir.

Teslimiyetle ruh aydınlanır, Allah'a bırak kendini, çünkü zaten sonunda sadece O'na varılır.

ŞİMDİ UYKUDASIN, ÖLÜNCE UYANMIŞ OLACAKSIN...

DÜNYADA UYANMAK İSE DUALARLA OLUR.

Kafirun Suresi'nin fazileti:

- Her gün okumak, zor anlarda korur.
- Her gün 3 kere okuyan belalardan ve olumsuz enerjiden korunur.
- Her gece okumak derinlik verir.
- Günde 200 defa okuyana Allah yardımcı olur.

Bismillahirrahmanirrahim.

- Kul yâ eyyühelkâfirûn. Lâ abüdü mâ tabüdûn. Ve lâ entüm âbidûne mâ abüd. Ve lâ ene âbidün mâ abedtüm. Ve lâ entüm âbidûne mâ abüd. Leküm dînüküm veliye dîn.

RAHMAN SURESİ

"Göklerde ve yerde olan ne varsa, O'ndan ister. O, her gün bir iştedir." Rahman/29

Bu sureyi okumak gönül ferahlığı verir.

Korkuları geride bırakmayı sağlar.

Güç ve güven enerjisi sağlar.

Sağlık sorunlarının geçmesinde yardımcı olur.

Huzuru sağlar.

İlham verir.

Değersiz konuları geride bırakmanızı sağlar.

Hayırlı işleri çeker.

Çok istediğiniz bir konu için 70 kere okuyabilirsiniz.

SEMAVİ OKUL CELCELUTİYYE

Daha önceki kitaplarımda da yer verdiğim çok önemli bir dua olan Celcelutiyye, derinliği ve kattıkları itibariyle derin bir semavi okul gibidir.

Arşın kenarında, Güneş'in kalbinde, dört Başmelek'te, yedi kat göklerde Celcelutiyye vardır.

Bu duaya Melekler eşlik eder.

Allah rızası için okunur. Tüm enerjinizi değiştirir.

En zor dileklerde anahtar görevi yapar.

Öte alem bağlantısı kurar.

İnancı pekiştirir.

Yağmur suyu da eklenmiş suya okunup içilirse arınma olur.

Okundukça iç biliş ile kendi sorularına cevap alırsın.

Celcelutiyye 7/8

7- "Ey İlâh'ım, her derde, her işe anında müdahale eden ve süratli bir şekilde icabet eden Allah, Ehad ve Bedi' isimlerinle sana yalvarıyorum."

8- "Ki kalbin hayatını canlandırasın, yani ondaki kirleri gideresin. Kayyûmiyetinle onu ayakta tutasın, o kayyûmiyet sırrı onda hep var ve kalsın, olsun. Daima parlasın."

KORKU KOTASINI DOLDURMAK

Korkudan kaçmak, sadece o korkuyu büyütür.

Korku sevginin güvenin olmadığı yerde büyür.

Ondan kaçma, onun tam içine gir. Korkuyu yaşa, olabilecek en kötü sonuç ve senaryoları kendine yaşat ve sonra serbest bırak. Korkmadığını fark edene dek devam et...

Korku enerjisinde kalmak, diğer alanlarını da bloke eder.

Bir kere bir korkuyu yendiğinde yenileri de sana gelmeye çekinecektir.

Korkulara fazla yüz verme, böylece gitmeyi seçecektir...

Sen tüm korkularından üstünsün, bunu unutma.

Bazen de korkunun kendisinden çok, korku anındaki o hislerdir asıl mesele...

Dikkatimizi üzerinde en fazla yoğunlaştırdığımız fikir, kendini gerçekleştirmek için çabalar. Kotayı doldur ve bırak, yoğunlaşma.

Korkmaktan korkma, korkundan kaçma. Üzerine git. Onu sen oluşturdun, bitiren de sen olacaksın.

Bilinçaltını temizle, korku kotanı doldur, olumlama yap. Korkunun yerine pozitifi koy... Sevgi'de kal.

ŞİFA

Hz. Peygamber hastaların şifa bulması için Yunus Suresi 57. Ayet'in okunmasını tavsiye ederdi.

Bu sure pek çok hastanın şifa bulmasını sağlamış ve insanların farklı dertlerine deva olmuştur.

"Ve şifaüllima fissuduri ve hüdev ve rahmetül lil müminin."

Bu dua abdest alındıktan sonra 3 veya 7 defa okunmalıdır. Şifa duasını hasta olan kişi kendi okuyabileceği gibi, bu dua hastanın bir yakını tarafından da okunabilir.

48. BAŞARI

Bu dua "miftah duası" olarak da bilinir. Miftah arapçada "anahtar" demektir. Bu dua sınavlar için, bolluk için, ticaret ve cesaret için okunabilir...

"Allahüm meftah aleyna hikmeteke venşür aleyna rahmeteke yazel celali vel ikram."

Duanın okunma vakti sabah namazı ile gün doğumu arasındaki zamandır. Duanın art arda 7 defa okunması gerekir. Belirli bir girişim yapılacaksa, girişime 21 gün kala okumaya başlanıp o güne kadar devam da edilebilir...

HUZUR

Sıkıntılı anlarda okunan ve kişinin ENERJİSİNİ mucizevi biçimde yükselten etkili bir duadır. İslam dünyasındaki en yaygın ve en bilinen dualardan biridir. Al-i İmran Suresi'nin 173. Ayeti Kerimesi'dir. Peygamberimiz ve ashabı her sıkıldıklarında bu duayı okurlardı. Sık sık tekrar edilebilir.

"Hasbunallahü ve nimel vekil"

Anlamı: "Allah bize yeter." Allah'ı tek dayanılacak güç olarak seversen, ruhun özgür olur.

BAĞIŞLANMA İÇİN

Kendini ve başkalarını affetmiş olman, arınman için şarttır ama seni asıl bağışlayacak olan Allah'tır... Kişinin bağışlanmayı dilediği bu dua aslında tövbe duası yerine de geçmektedir.

"Esteğfirullahel aziymellezi la ilahe illa hüvel hayyel kayyume ve etübü ileyh."

Bağışlanma duası yapıldığı gün oruç da tutulursa duanın etkisi artar. Bağış da yapılabilir.

AKAŞİK KAYITLAR

Akaşa, yaratılışın başından sonuna kadar tüm bilgiyi içeren bir BÜTÜN VE EKSİKSİZ enerji kayıt arşividir. Bu arşivde, bireysel veya evrensel olarak olmuş-olacak her şey (tüm oluşlar, tüm yaşamlar, düşünceler, duygular, davranışlar, tüm titreşimler, sistemler, inanışlar, karma) zaman ve mekan kavramının ötesinde mevcuttur.

Yaşamda ve Dünya'da oluşan her eylemin, düşüncenin, inancın gökyüzünde kaydedilmekte olduğunu bilelim, sözlerimizle ve inancımızla her an yaratıyoruz. Farkında olmalıyız... Evrenin belleği Akaşa'dır.

Akaşalardaki enerji birikimi, bireyin ve toplumun, Dünya'nın bir sonraki frekansta ortaya koyacağı duygu, düşünce ve davranışın şekillenmesini de sağlamaktadır ve her şeye etki etmektedir.

Akaşik kayıtlara erişenler, geçmişin görmek istedikleri durumlarını aynen hissedebilir. İnsan, zamanı hızlandırılması, yavaşlatılması, hatta durdurulmasını bu eşsiz deneyim esnasında yaşayabilir.

Bilgileri akaşik kayıtlarımızdan alırız, o yaşamlarda çözülmemiş negatif frekansları da kendimize çekeriz. Bilinçaltı bu kayıtların etkisi altındadır. Bu nedenle benzer olayları tekrar tekrar yaşarız.

Akaşik kayıtlar, ruhsal farkındalığı artırmak için çok önemli bir spiritüel güçtür. Bugün yaşadıklarımız geçmişte yaptıklarımızın sonucudur ve bugünümüz zaten geleceğimizi oluşturur. Düşünce ve duygularımızı anlamak, olumlu olacak şekilde kontrol altında tutmak her şeydir...

Zamanı çok boyutlu deneyimleyebilirsiniz akaşa yolculuğunda... Ruh enerjisi zaman içinde dolaşır, ihtiyaç duyduğu bilgileri bulur. Hücresel yapıyı bu yolla şifalandırabilirsiniz.

Akaşik Kayıt Okuma; zihni, bedeni, ruhu ve kalbi en derin yaralardan iyileştirerek şifa veren bir araçtır. Akaşik Kayıtlarınıza erişim, günlük yaşamınızda görmenizin mümkün olmadığı en derin noktaları da ortaya çıkarır ve ayrıca size artık yararı olmayanları kayıtları silmeniz için fırsat sunar.

AKAŞA KAYITLARI NELER SUNAR:

- Aile bireyleri, eşler, arkadaşlar ile ilgili ilişkiler, sebep ve sonuçlar
- Spiritüel yaşamda deneyimlediğiniz dersler, tekamülünüzü sağlayacak olaylar ve yaşam amacı
- Geçmiş yaşam kayıtları, eski blokajlar ve bunların ne yaparsak çözüleceği
- Korku ve endişelerinizin kaynağı, tekrarlanan sorunların öz kaynağı

RUH

Sen önce bir ruh'sun, burada bedensel bir süreçten de geçiyor olsan.

İnsanlık deneyimi yaşayan bir ruh, kendini sadece bu Dünya deneyiminin içinde görüp o büyük ruh gücünün farkında olmaz. Sadece bu seviyede kalırsa hem kendine büyük haksızlık yapar hem de tıkanırsın. Beden sınırlayıcıdır, bedensel ve fiziksel olanın, bu boyuta ait olanın sürekli peşinden gitmen seni geriletir. Buraya burayı aşmak için geldin, burada kalmak için değil. Dünya hayatı geçici olduğuna göre, geçici olana yaıtırım yapmak bilgisizliktir.

Ruhun ihtiyaç duyduklarını görmen için bazen bu boyutun dışına çıkman gerekir. Sana iyi gelmeyeni bırakman, arınman, farkında olman, dönüşmen gerekir. Her dışarıya baktığında bazen içeriden kaybedersin. Soruların cevabını dışarıda aramak da güç kaybıdır. Her cevabı bilerek doğduk, sonra unuttuk ve hatırlamak tamamen elimizde. Dünya işlerinde her kaybettiğini sandığında yaşadığın o eşsiz manevi eğitim ve yükselişler işte seni yukarıya taşıyor. İmtihan için geldiğin yerde imtihana direnmek de nedir…

ENERJİNİ YÜKSELT

Tüm kalbinle affet.
Nasıllara takılma, niyete gir ve akışı seyret...
İstemediklerini yapma.
Bilinçaltına soru sor.
Arın.
Dua et, şükret, teşekkür et.
Rehber hayvanları takip et...
Işığı yay, tanımadığın herkesten de sorumlusun
Yardım et.
Suyu dua ile iç, kod'lamalar yap.
Kimseyle konuşmadan da zaman geçir.
Uyku öncesi imgeleme çalış.
Uyanınca olumlama yap.
Direnç gösterme.
Şikayet etme.
Enerji alanını temiz tut.
Aile karma'nı incele.
Nefesine odaklan.
Bebeklik resmine bak.
Her attığın adımın faydasını sorgula.

ASTRAL SEYAHAT

Öncelikle bedeniniz çok rahat olmalı

Rahatsız edilmeyeceğiniz bir odada tek başınıza olmalısınız

Endişe ve korku olmamalı

Kendinize ve yapabileceğinize inanın

Bedeninizden ayrılırken eğer korkar ve vazgeçerseniz sonuç olmaz

İmgeleme yapabilme gücü önemlidir

Yatağınızda sırt üstü yatarken kendinizi tavanda hayal edin

Aşağıdaki bedeninize baktığınızı imgeleyin

Bunu ne kadar canlı olarak yaparsanız ruhun bunu kabul etmesi o kadar kolaylaşır

Alfa frekansında olmalısınız

Düşünme, odaklanma, zorlama, direnç olmamalı

Tam gevşeme hali yakalanmalı

Astral bedene çıkış yolu göbek çakrası ve üçüncü göz noktasıdır

Eterik beden dışarı çıkar ama hala bir kordonla bedeninize bağlıdır

Çıkarken kalpte aşırı çarpıntı, kulaklarda uğultu, uyuşma gibi hisler yaşayabilirsiniz

Astral anında odada eşyaların yerini farklı algılayabilirsiniz

Astral bedeninizi yönlendiren düşüncelerinizdir yani kontrol zaten sizde

Uzaya ve hatta diğer galaksilere bile gitmek mümkündür

Astralde dünya dışı varlıklarla karşılaşılabilir

Bedeninize dönerken ani bir sıçrama ya da kasılma hissedebilirsiniz

Yataktan kalkmayın ve uyumaya devam edin

ASTRALE AÇILAN KAPILAR

İyi bir konsantrasyon, imgeleme, nefes tekniği ve hayal gücüyle bir süre sonra vücudunuzdaki tüm kaslarınızın ve hücrelerinizin uyuştuğunu onları hissedemediğinizi göreceksiniz. Enerji alanı ve frekans, hissediş değişecektir... Bu noktada, sakın orada olup olmadığınızı hissetmek için dikkatinizi farklı yere kaydırmayın. Vücudun spiral bir şekilde dönmeye başlaması çıkış belirtisidir. Kulakta tıkanma da olabilir. Fiziksel vücut değil Astral Beden dönüyor olacaktır. Hafifleme hissi oluştuğunda nefes sisteminizi bozmadan devam edin.

Ardından astral bedene komut verin çünkü denileni yapacaktır.

Üçüncü Göz noktanıza odaklanın, uzaydan gelen bir ışıktan ipin Üçüncü Göz noktanızla bağlantı kurduğunu imgeleyin.

Ardından bu ipi kullanıp yine yükselebilirsiniz.

Bazı kişiler astral deneyim esnasında Kişisel Koruyucu Meleğinden veya Başmeleklerden de yardım isteyebiliyor.

Üçüncü gözünüzü bir dürbün gibi kullanıp onunla farklı boyuta bakıyormuşsunuz gibi imgeleyip sonra o görüntünün içinden geçiyor gibi de yapabilirsiniz.

Su imgelemesi de yapabilirsiniz... Bilinmeyen bir noktaya giden bir su yolu yaratın. İmgelemeyle bu yolu takip edin. Suyun götürdüğü yolu takip edin. Su yolu bitince gelmiş olduğunuz noktada kendi deneyiminize başlayın.

Odanızda ayakta duran başka bir siz yaratın. İyice konsantre olun. Bedeni scan eder gibi her noktasını tarayın... Tüm ayrıntıları görün. Çıkışı bu beden üzerinden de yapabilirsiniz.

Bir boşluk imgeleyip kendinizi tek bir son kancayla tutulu olarak imgeleyin. Nefese odaklanın ve hazır olduğunuzda o son kancayı bırakın… Boşluktan düştüğünüz noktada deneyim başlayacaktır…

Oda kapınıza kendi resminizi imgeleme ile koyun. Kapıya odaklanın ve sonraki yaşanacak deneyimlere… Resmi kapının üzerinde eritin, kapıyı enerji gücünüzle itin, o resmin enerjisi ve kapının ardındaki enerjiyle yola devam edin. Kapının arkası size deneyimi sunacaktır.

Tüm çakra noktalarınızdan mor ışık çıkararak uzaya bağlantılar sağlayın. Uyuşma ve tam gevşeme başlayınca, nefese odaklanın ışıklar tam olarak bağlantıyı kurduğunda bir anda kendiniz yukarıya fırlatın ve deneyim başlasın.

VE UNUTMA: HAYAL GÜCÜ GERÇEKLERDEN DE ÜSTÜNDÜR. HER GERÇEK, SADECE HAYALGÜCÜ İLE BAŞLAR. HAYAL EDİLEN HER ŞEY İLK ANDAN İTİBAREN ZATEN GERÇEKTİR.

YAŞAM AMACI

Yaşam amacı bazı dönüm noktaları sonrasında farkındalık artınca bulunan bir durum olduğu gibi bazen de kişi yaşam yolculuğunun ilk anından itibaren o amaca uyumludur ve o yönde deneyimler yaşar.

Her ruh özeldir, Allah özel benzersiz ve başka eşi olmadan bir insan yaratır. Bu durumda kişi yaşamına sahip çıkmalıdır, kendi değerini bilip bu alemde bulunma nedenini sorgulamalıdır. İstemediğimiz bir yaşamı sürdürmek, katlanmak, boşa zaan geçirmek, hayrı demek gereken yerde evet demek, ertelemek, iptal etmek ya da korkmak için hayat çok kısa hem de çok değerli.

Yaşam amacı bir iş, kariyer alanında da olabilir, bir hobi de olabilir, bir kişi ile bize iletilebilir, hiç ummadığımız bir alanda da kendini gösterebilir. Yaşam amacı aslında ana hatları ile buraya senin geliş sebebindir. Yaptıkça ruhunun beslendiği belki başkaları için de birşeyler yapabildiğin, ülkene, dünyada kendine hayrını da bulduğun bir konudur yaşam amacı... Amaçsız yaşamak seni aşağıya çeker, auranı bozar, çakraların kapalı devam edersin, yaşam ışığın söner, yolun tam aydınlık olmaz. Bunun ne olduğunu bulmak... İşte en çok gelen soru bu. Bazen tüm kapılar kapanır ve o kapı sadece açık kalır, o kapı geçmen gereken tek yer haline gelir... Kader ve tüm yollar, araçlar, yardımlar seni o kapıya geçirir.

Ruhunu özgür bırak ve işaretleri takip et. Her acı ve travmanın aslında seni yaşam amacına hazırladığını bil. İçini ısıtan cevap doğru, etki altında kalma. Kimseyi dinleme ve o yolda cevaplar zaman içinde gelir. İç dünyanda eminsen vazgeçme, içinden gelen doğru. Zorla veya başkalarının telkiniyle olmaz. İstihare yap, rüyayı takip et. Dua et, yolu aç. Önüne çıkacak.

REGRESYONUN ÖNEMİ

Geçmiş Yaşam Şifası yani Regresyon, geriye giderek eski kayıtları inceleyen, tekrar eden sorununuzu dönüştüren çok özel ve tüm dünyada kabul görmüş bir çalışmadır. Yaşadığınız o tekrar tekrar sizi bulan sorunun kök sebebi bulunarak şifası sağlanıyor. Regresyon bereketten sağlık konularına, öfkeyle ilgili konulardan blokaj ve çöküşlere, korkulardan bereket-para alanındaki tıkanıklıklara kadar çok sayıda konuda dönüşüm sağlar.

Geçmiş Yaşam Şifası---- ÇALIŞMA KONULARI:

Aniden ve anlamsızca biten ilişkiler...

Uzun süren yalnızlıklar...

Çöküşler...

Korkular...

Sebebi bilinemeyen, tekrar eden sorunlar...

Değersizlik hissi...

İlişki yaşamaktan korkma...

Kendi hayatınızı kendiniz baltalıyor, sabote ediyorsanız...

Kaybetme korkusu...

Çokeşlilik...

Blokaj, kısmetsizlik ...

Bereket, para, kariyer sorunları...

Bu bahsettiğimiz sorunların kökü 3 kaynaktan gelebiliyor:

1. Geçmiş hayatlardan gelen karma, bu hayattaki çocukluk dönemi

2. Atalardan gelen enerji mirası: büyükleriniz de benzer sorunları yaşadı ve bu size aktarıldı.
3. Kolektif Bilinç/ALTI: doğarken ortak bilgi havuzundan tüm insanlığın yaşamış olduklarından çektikleriniz.

Bilinçaltımızdaki farkında olmadığımız kayıtlar yaşamlarımızı ve ilişkilerimizi yönetiyor. Aynı sorunları neden tekrar tekrar yaşıyorum diyorsanız, sebebi tamamen geçmişle alakalı. Geçmişteki o kök kayıtlara ulaşmadan da tam olarak şifası mümkün değil. Biz geçmişte bize yüklenen veya kendi yüklediğimiz kod'lardan ibaretiz. Geçmiş geleceğinizi sabote etmeden, kendiniz tanımak, gerçek "siz" ile yüzleşmek ve şifa için "geçmiş yaşam şifası" bir dönüşüm fırsatı sunar. Geçmiş yaşam şifası, o sizi zorlayan ve anlamsızca tekrar tekrar kapınızı çalan konunun, kök sebebini bulup ortaya çıkartıyor. Bu çok özel ve etkili çalışma, konuya dair kök sebebi ruhsal hafızamızdan DNA'mızdan siliyor. Zamanla bu konu önce sizde hafifliyor ve kabule geçiyorsunuz, göstermiş olduğunuz direnç bitiyor.

BOLLUK BİLİNCİ

HERKESTEN sorumlusun, düşkün ve fakirlere sahip çık.

Kul hakkına girmiş kişi senin bereketini de durdurur.

Bereket için olumlama yap, kendi sesinle kaydet ve dinle.

Dua et bereketi Allah verir. Duanın muhatabı da O.

Bereketinizin önündeki tüm blokajlar geçmişle ilgili, kök sorunu keşfet. Dönüştür.

Karma borcun varsa öde…

Bütünün hayrına üret.

Şükrederek bolluk bilincine geçin.

Eski olumlu bereket bolluk enerjisi içeren anıları canlandırın.

Parayı sevmediğinizde, para sizden kaçar.

Paranın titreşen bir enerji, onun olumsuz bir şey olduğuna inandığınızda sizden kaçar.

Çok kovalanan her şeyde olduğu gibi para da bunu yaptığınızda sizden uzaklaşır.

Para verirken verilen kişinin iyiliğini isteyin.

Sana sunulanları al, istemem demeyin. İptal ve istemem enerjisi blokaj koyar.

Vermek daha çok almaktır: çok olmasını beklemeden de sen ver…

Fazla biriktirmek kıtlıktır.

Gerekmeyen halde pazarlık yapma, başkasının emeğine saygı duy.

Kul hakkı içeren mekanlarda, ortamlarda çalışma ve alışveriş yapma.

Alma verme dengesi bozuk ilişkiler senin bereketini de bloke eder.

Bolluk sınsırsızdır kaynaklarda, sınır koyma.

MERDİVEN RİTÜELİ

Çok basamaklı bir merdiven imgeleyin...

Yatakta tüm vücudunuzu gevşetin... Her şeyi serbest bırakın... Nefes alıp verin...

İlk basamakta niyete girin: arınma ve dönüşmeye, geride bırakmaya...

Şimdi mor halısı olan merdiveni inmeye başlayın.

Her bir basamağa bırakmak, kurtulmak istediğiniz bir anınızı ayağınızın altından bırakmış olarak kendinizi imgeleyin. İnerken o basamakta o anı kalıyor inmiş olduğunuzda da silinip gidiyor...

Tüm anılar bitip son basamağı da inince. Geriye bakmayın... Tüm o basamakları yeşil bir ışık topu yap göndermiş olun. Şimdi önünüze bembeyaz ışık dolu bir yeni merdiven yolu koyun. Bulutlara uzanan... tüm yeni ve ışıklı, umudu temsil eden basamakları hızla çıkın. Son en tepedeki bulutların oradaki basamakta iki beyaz güvercin size eşlik ediyor. Şimdi kalbinizi açın mavi-beyaz göklerden gelen sevgi ve dönüşüm ışığını kalbinize doldurun. Niyet edin ve teşekkür edin.

SIRLARA YAKLAŞMAK

* 5 vakit namazdan sonra 1106 kere "Ya Zâhir celle celâlühû" zikrine devam eden, OLAYLARIN İÇ YÜZÜNÜ KEŞFEDER.
* Her gün 33 kere "Ya Zâhir celle celâlühû " ism-i şerifini okumaya devam ederek sırlı kapıları aralarsınız.
* Rüyasında dilediğini görmek isteyen, yatmadan önce 2 rekat namaz kılıp ardından 1106 kere "Ya Zâhir celle celâlühû" ism-i şerifini okuyup yatarsa Allah isterse ve izin verirse rüyasında mesaj alır…
* Her gün 100 kere "Ya Zâhir, Ya Bâtın celle celâlühû" okuyanlar olumsuz etkilerden arınır.
* İşrak namazından sonra 900 defa "Yâ Zahir" ismi şerifini okuyanın kalp gözü açılır.
* Her gün 100 defa "Yâ Zahir" ism-i şerifini okumaya devam edenin niyetleri netleşir.
* Ya Zahir ve Ya Batın esmalarını beraber devamlı zikredenler kayıpları bulur.

"HİÇ KİMSE ALLAH GİBİ DOST OLAMAZ, HİÇ KİMSE O'NUN YARDIM ETTİĞİ GİBİ YARDIM EDEMEZ."

NİSA SURESİ/45

EL VEKİL

Mutlak ve hakiki vekil, kullarının işlerini gören, düzelten, hep yanında olan. Kendisine tevekkül edenlere hep yardım eden.

* 5 vakit namazdan sonra 66 kere "Ya Vekîl celle celâlühû" zikrine devam edenin her işi yolunda gider, bolluk huzur içinde olur.
* Her fırsatta "Hasbünallâhü" ve ni'me'l-Vekîl ni'mel-Mevlâ ve ni'me'n-nasîr " okuyanın, içi nurla dolar.
* Hergün sabah vakti 66 defa Ya Vekil ismini zikredenin bereketi ve kazancı artar.
* Allah'tan her türlü yardım görmek isteyenlerin virdidir. İsteklerin gerçekleşmesi, belaların def edilmesi, dilekler, büyük amaçlar için usulüne uygun olarak okunur.
* Bu ismi vird edinip her gün okuyana, bol hayır, bol rızk ve bol kazançlar verir Allah; ummadığı anda başarı kapıları açar.

AURA TEMİZLEME

"La ilahe illa ente sübhaneke inni küntü minezzalimin inne lillahi ve inne ileyhi raciün"

Bu duayı okuduktan sonra gümüş rengi bir ışık topu imgeleyin bir tane deliği olan.

Işık topu siz yatakta yatar poziyonda iken, nefes alıp verirken çakra bölgelerinizde dolaşıyor ve deliği ile vakumlama yaparak sizde olan olumsuz enerjiyi topluyor. Çakra sonrası tüm vücudunuzda da gezdirin. Vakumlama etkisi bittiği zaman bunu hissetmiş olacaksınız...

Aynı duayı işlem bitiminde tekrar da okuyabilirsiniz.

Beyaz bir mum yakarak enerjiyi tamamlayın.

AYNA RİTÜELİ

Işıkları kapatın, odada mavi bir mum yakmaya başlayın. Yasemin tütsüsü de yakarak odada olumlu enerji alanı açın. Nefes alıp vermeye başlayın. Tüm diğer duygu, düşünce ve konularda uzaklaşın, arının ve hazır hale gelin...

Aynanın karşısında durun. Aynadaki sizin Üçüncü Göze odaklanın. Gelen tüm bilgileri almaya başlayın... Bir süre sonra durugörü ve vizyonla gelecek görüntü, imge ve tüm bilgileri alın. Mesajları takip edin.

Sonra aynadaki sizle odadaki sizi bir hale getirin. Siz de aynanın içinde olarak kendinizi imgeleyin... Bir orman yolu imgeleyin. Yolda karşınıza çıkacak kişi, olay, konu ve işaretleri takip edin. Orman yolunun sonunda bir deniz kenarı ve kayık olacak. Kayıkta da sizi bekleyen bir kutu. Kutunun içindeki notu okuyun, mesajı sevgiyle kabul edin. Notu ve son olarak her şeyi bir ışık topu yapın ve kalbinize gömün.

REHBER HAYVANLAR

O hayvanı sık sık görürsünüz.

Aklınızdan bir soru geçerken bir anda ortaya çıkar.

O hayvanın ana özelliği dışında, o anda nasıl bir eylem yaptığı daha önemlidir. Mesela; kuş özgürlük ve mesaj gelmesi anlamını taşır ama ölü bir kuş görürseniz bu olumsuzluk veya hayal kırıklığı demektir. Köpek dostluğu anlatır ama soruyu sorduğunuz an'da korkup kaçan bir köpek görürseniz, bu olumsuz bir olaya da işaret edebilir. Yılan korkulan tehlikeyi çağrıştıran bir hayvandır ama siz işaret beklerken ormanda bir anda yılan görürseniz "beklenmedik olanı, gücü, şaşırmayı" da sembolize edebilir. Sezgiler güçlendikçe anlamını kendiniz bulacaksınız.

Hayvanın resmini de görebilirsiniz.

O hayvan mesajcı rüyanın içinde de görülebilir.

Yüksek benliğinize de sorun.

Sarkaç veya meditasyonlar ile de ek bilgi alabilirsiniz.

Kelebek... denge, uyum, güzellik, kısa sürme, kırılganlık...

Yunus... barış, sevgi, hassas düşünme, affetme...

At... cesaret, girişim, hızlanma, sadakat...

Örümcek... zeka, bağ, bağlantı, büyüme, fırsatlar...

Kaplumbağa... ev, aile, sabır, şans, yavaşlama...

Yarasa... gizem, başarı, sırlar, aşmak, korkuyu geride bırakmak, risk alma...

Arı... iyilik, çalışma gücü, üretma, şans...

MELEKLER VE AYETLER

2:30 - Bir zamanlar Rabb'in meleklere: "Ben yeryüzünde bir halife yaratacağım" demişti. (Melekler): "A!.. Orada bozgunculuk yapacak ve kan dökecek birisini mi yaratacaksın? Oysa biz seni överek tesbih ediyor ve seni takdis ediyoruz" dediler. (Rabb'in): "Ben sizin bilmediklerinizi bilirim." dedi.

2.31 - Ve Âdem'e isimlerin hepsini öğretti, sonra onları meleklere gösterip: "Haydi davanızda sadıksanız bana şunları isimleriyle haber verin." dedi.

2:34 - Ve o zaman meleklere: "Âdem'e secde edin!" dedik, hemen secde ettiler. Yalnız İblis dayattı, kibrine yediremedi, inkârcılardan oldu.

2:98 - Her kim Allah'a, Allah'ın meleklerine, peygamberlerine, Cebrail ile Mîkâil'e düşman olursa, iyi bilsin ki, Allah da o kâfirlerin düşmanıdır.

2:102 - Tuttular da Süleyman mülküne dair şeytanların uydurup izledikleri şeyin ardına düştüler. Halbuki Süleyman inkâr edip kâfir olmadı, lakin o şeytanlar kâfirlik ettiler; insanlara sihir öğretiyorlar ve Bâbil'de Harut ve Marut'a, bu iki meleğe indirilen şeyleri öğretiyorlardı. Halbuki o ikisi "biz ancak ve ancak sizi denemek için gönderildik, sakın sihir yapıp da kâfir olmayın!" demeden kimseye birşey öğretmezlerdi. İşte bunlardan karı ile kocanın arasını ayıracak şeyler öğreniyorlardı. Fakat Allah'ın izni olmadıkça bununla kimseye zarar verebilecek değillerdi. Kendi kendilerine zarar verecek ve bir fayda sağlamayacak bir şey öğreniyorlardı. Yemin olsun ki, onu her kim satın alırsa, onu alanın ahirette bir nasibi olmayacağını da çok iyi biliyorlardı. Hakkıyla bilselerdi, uğruna canlarını sattıkları şey ne çirkin bir şeydi.

2:161 - Ama âyetlerimizi inkar etmiş ve kâfir olarak can vermiş olanlara gelince, işte Allah'ın laneti, meleklerin laneti ve insanların laneti hep onların üzerine olsun.

2:177 - Yüzlerinizi bazen doğu, bazen batı tarafına çevirmeniz erginlik değildir. Fakat eren o kimselerdir ki, Allah'a, ahiret gününe, meleklere, kitaba ve bütün peygamberlere iman edip, yakınlığı olanlara, öksüzlere, yoksullara, yolda kalmışa, dilenenlere ve esirleri kurtarmaya seve seve mal verirler. Namazı kılarlar, zekatı verirler. Bir de anlaştıkları zaman sözlerini yerine getirenler, hele sıkıntı ve hastalık durumlarında ve harbin şiddetli zamanında sabır ve kararlılık gösterenler var ya, işte doğru olanlar da bunlardır, korunanlar da bunlardır.

2:210 - Onlar sadece gözetiyorlar ki, Allah, buluttan gölgelikler içinde meleklerle birlikte geliversin de iş bitiriliversin. Halbuki bütün işler Allah'a döndürülüp götürülür.

2:248 - Peygamberleri, onlara şunu da söylemişti: Haberiniz olsun, Onun hükümdarlığının alâmeti, size o tabutun gelmesi olacaktır ki onda Rabbinizden bir sekine (sükûnet, gönül rahatlığı), Musa ve Harun ailelerinin bıraktıklarından bir bakiyye (kalıntı) vardır. Onu melekler getirecektir. Eğer iman etmiş kimselerden iseniz, bunda sizin için kesin bir ibret, bir alâmet vardır.

2:285 - Peygamber, Rabbi'nden kendisine ne indirildiyse ona iman etti. Müminlerin de hepsi Allah'a, meleklerine, kitaplarına ve peygamberlerine iman ettiler. "Biz Allah'ın peygamberleri arasında ayırım yapmayız, duyduk ve itaat ettik. Ey Rabbimiz, bağışlamanı dileriz, dönüş ancak sanadır." dediler.

3:18 - Allah şehadet eyledi şu gerçeğe ki, başka tanrı yok, ancak O vardır. Bütün melekler ve ilim ulularıda dosdoğru olarak buna şahittir ki, başka tanrı yok, ancak O aziz, O hakîm vardır.

3:39 - Zekeriyya mabedde namaz kılarken melekler ona: "Allah sana, Allah'dan bir kelimeyi doğrulayıcı, efendi, nefsine hakim ve iyilerden bir peygamber olarak Yahya'yı müjdeler." diye ünlediler.

3:42 - Hani melekler: "Ey Meryem! Allah seni seçti, seni tertemiz yarattı ve seni dünya kadınlarına üstün kıldı.

3:45 - Melekler şöyle demişti: "Ey Meryem! Allah sana kendisinden bir kelimeyi müjdeliyor ki, adı Meryem oğlu İsa Mesih'dir; dünyada da ahirette de itibarlı, aynı zamanda Allah'a çok yakınlardandır.

3:80 - Ve O size: "Melekleri ve peygamberleri tanrılar edinin" diye de emretmez. Siz Müslüman olduktan sonra, size hiç inkârı emreder mi?

3:87 - İşte onların cezaları, Allah'ın, meleklerin, insanların hepsinin laneti onların üzerlerindedir.

3:124 - O zaman sen müminlere: "Rabbinizin size, indirilmiş üç bin melek ile yardım etmesi size yetmez mi?" diyordun.

3:125 - Evet, sabreder ve (Allah'tan) korkarsanız, onlar ansızın üzerinize gelseler, Rabbiniz size nişanlı nişanlı beş bin melekle yardım eder.

4:97 - Melekler, kendilerine zulmeden kişilerin canlarını aldıklarında, onlara, "Ne işte idiniz?" derler. Onlar da: "Biz yer yüzünde zayıf kimselerdik" derler. Melekler "Allah'ın yeryüzü geniş değil miydi, siz de orada hicret etseydiniz ya?" derler. İşte bunların varacakları yer Cehennemdir. O ne kötü gidiş yeridir.

4:136 - Ey iman edenler! Allah'a, Peygamberine, Peygamberine indirdiği Kitab'a, ve daha önce indirdiği kitaba iman edin. Kim Allah'ı, meleklerini, kitaplarını, peygamberlerini ve ahiret gününü inkâr ederse sapıklığın en koyusuna düşmüş olur.

4:166 - Fakat Allah, sana indirdiğini kendi ilmiyle indirmiş olduğuna şahitlik eder. Melekler de buna şahitlik ederler. Allah'ın şahitliği de kafidir.

4:172 - Hiçbir zaman Mesih de Allah'ın bir kulu olmaktan çekinmez, Allah'a yakın melekler de. Kim O'na kulluk etmekten çekinir ve büyüklük taslarsa bilsin ki O, onların hepsini huzuruna toplayacaktır.

6:8 - "O'na bir melek indirilmeli değil miydi?" dediler. Eğer bir melek indirseydik, iş bitirilmiş olurdu, sonra kendilerine hiç göz açtırılmazdı.

6:9 - Eğer Peygamberi, biz bir melek yapsaydık, yine de onu bir adam şeklinde yapardık ve onları yine düştükleri kuşkuya düşürürdük.

MELEKLER VE AYETLER

6:50 - De ki: "Size Allah'ın hazineleri benim yanımdadır, demiyorum. Gaybı da bilmiyorum. Ve size, ben bir meleğim de demiyorum. Ben sadece bana vahyolunana uyuyorum." De ki: "Kör ile gören bir olur mu? Hiç düşünmez misiniz?"

6:75 - Böylece biz İbrahim'e göklerin ve yerin melekûtunu (muhteşem varlıklarını) gösteriyorduk ki, kesin inananlardan olsun.

6:93 - Allah'a karşı yalan uyduran, yahut kendisine hiçbir şey vahyolunmadığı halde: "Bana vahyedildi" diyen ve: "Allah'ın indirdiği gibi bir kitap da ben indireceğim" diye iddiada bulunandan daha zalim kim olabilir? O zalimlerin halini ölüm şiddeti içindeyken bir görsen! Melekler onlara ellerini uzatırlar ve:" Ruhunuzu teslim edin. Bugün, Allah'a karşı haksız şeyler söylediğinizden ve O'nun âyetlerine karşı böbürlenmenizden dolayı alçaltıcı bir azapla cezalandıralacaksınız" derler.

6:111 - Eğer biz onlara melekleri indirseydik, ölüler de kendileriyle konuşsaydı ve her şeyi toplayıp karşılarına getirseydik, Allah'ın diledikleri hariç, yine de inanacak değillerdi, fakat çokları bunu bilmezler.

6:158 - (İnanmak için) ille meleklerin gelmesini, yahut Rabbinin gelmesini, ya da Rabbinin bazı âyetlerinin gelmesini mi bekliyorlar? Ama Rabbinin (azab) işaretlerinin geldiği gün, daha önce iman etmemiş, yahut imanında bir hayır kazanmamış kimseye, artık inanması bir fayda sağlamaz. De ki: "Bekleyin; biz de beklemekteyiz."

7:11 - Sizi yarattık, sonra size biçim verdik, sonra da meleklere: "Âdem'e secde edin" dedik; hepsi secde ettiler, yalnız İblis, secde edenlerden olmadı.

7:20 - Derken onların, kendilerinden gizli kalan çirkin yerlerini kendilerine göstermek için onlara fısıldadı: "Rabbiniz, başka bir sebepten dolayı değil, sırf ikiniz de birer melek ya da ebedî kalıcılardan olursunuz diye sizi şu ağaçtan men etti." dedi.

8:9 - O vakit siz Rabbinizden yardım diliyordunuz. O da: "Ben işte ard arda bin melekle size yardım ediyorum" diye duanızı kabul buyurmuştu.

8:12 - İşte o anda Rabbin meleklere şöyle vahyediyordu: Ben sizinle beraberim, müminlere sebat verin. Kâfirlerin yüreğine korku salacağım, hemen boyunlarının üstüne vurun, parmaklarına, parmaklarına vurun".

8:50 - Melekler, o kâfirlerin yüzlerine ve sırtlarına vura vura ve "Tadın bakalım cehennem azabını!" diye diye canlarını alırken hallerini bir görmeliydin.

11:12 - (Ey Resulüm!) Şimdi belki sen, "Ona bir hazine indirilse, ya da beraberinde bir melek gezip dolaşsa ya!" diyorlar diye sana vahyolunan vahyin bir kısmını terkedecek olursun ve bundan dolayı da göğsün daralır. Sen yalnızca bir uyarıcısın. Allah ise her şeye vekildir.

11:31 - Ben size "Allah'ın hazineleri benim yanımdadır." demiyorum ki. Ben size "Ben bir meleğim." de demiyorum. O sizin kendinize göre, hor gördükleriniz hakkında "Allah onlara hiçbir hayır vermez." de demiyorum. Onların içlerindeki niyeti, en iyi Allah bilir. (Bu söylediklerimin aksini iddia etseydim) asıl o zaman zalimlerden olurdum.

12:31 - Azizin karısı, onların gizliden gizliye dedikodu yaydıklarını işitince, onlara davetçi gönderdi ve onlara mükellef bir sofra hazırladı. Her birine bir bıçak verdi, beri taraftan da Yusuf'a "Çık karşılarına" dedi. Görür görmez hepsi onu gözlerinde çok büyüttüler ve (şaşkınlıkla) ellerini kestiler. Dediler ki: "Hâşâ! Allah için, bu bir insan değil, olsa olsa yüce bir melektir."

13:13 - Gök gürültüsü O'na hamd ile, melekler de O'nun korkusundan dolayı O'nu tesbih ederler. O yıldırımlar gönderir, onunla dilediğini çarpar. Onlar Allah hakkında mücadele edip duruyorlar. Oysa Allah'ın çarpması pek çetindir.

13:23 - Adn cennetlerine girecekler, atalarından, eşlerinden ve zürriyetlerinden salih olanlarla birlikte olacaklar. Melekler de her kapıdan yanlarına girip şöyle diyecekler:

15:7 - "Eğer peygamberlik davanda doğru kimselerdensen, bize melekleri getirmeliydin."

15:8 - Biz o melekleri ancak, hak ile indiririz. Ve indirildikleri vakit de onlara (kâfirlere) hiç mühlet verilmez.

MELEKLER VE AYETLER

43:60 - Eğer biz dileseydik, sizden yeryüzünde yerinize geçecek melekler yaratırdık.

47:27 - Melekler onların yüzlerine ve arkalarına vurarak canlarını alırken durumları nasıl olacak?

50:23 - Beraberindeki melek "İşte yanımdaki hazır" der.

50:24 - (Allah iki meleğe buyurur ki:) "Haydi ikiniz, atın cehenneme her inatçı nankörü!

53:26 - Göklerde nice melek var ki Allah'ın dileyip razı olduğuna izin vermeden önce onların şefaatları hiç bir işe yaramaz.

53:27 - Ahirete iman etmeyenler meleklere dişilerin adlarını takıp duruyorlar

66:4 - Eğer ikiniz de Allah'a tevbe ederseniz ne iyi, çünkü kalpleriniz eğildi. Ve eğer Peygamber'e karşı birbirinize arka olursanız (bilin ki) onun dostu ve yardımcısı Allah, Cibrîl ve müminlerin iyileridir. Bunun ardından melekler de ona arkadır.

69:17 - Melekler de onun etrafındadır, O gün Rabbinin Arşını bunların da üstünde sekiz melek yüklenir.

70:4 - Melekler ve Ruh miktarı ellibin yıl süren bir gün içinde ona çıkar.

74:31 - Biz o ateşin muhafızlarını hep melekler yaptık. Bunların sayılarını da ancak kâfirler için bir imtihan kıldık ki, kendilerine kitap verilenler kesin bilgi edinsinler, iman edenlerin de imanı artsın. Kendilerine kitap verilenler ve müminler şüpheye düşmesinler. Kalplerinde hastalık bulunanlarla kâfirler de: "Allah bu misalle ne demek istedi?" desinler. İşte böyle, Allah dilediğini şaşırtır, dilediğini de yola getirir. Rabbinin ordularını ancak Rabbin bilir. Bu, insanlar için uyarıdan başka bir şey değildir.

78:38 - O gün Ruh ve melekler sıra sıra dururlar. Rahmân'ın izin verdikleri dışında hiç kimse konuşamaz. İzin verilen de doğruyu söyler.

89:22 - Rabbinin emri gelip melekler sıra sıra dizildiği zaman,

97:4 - Melekler ve Ruh (Cebrail veya Ruh adındaki melek) o gece Rablerinin izniyle, her iş için inerler.

MELEKLER VE AYETLER

35:1 - Hamd, gökleri ve yeri yaratan, melekleri ikişer, üçer, dörder kanatlı elçiler kılan Allah'a mahsustur. O, yaratmada dilediği kadar artırır. Gerçekten Allah her şeye kâdirdir.

36:83 - O halde her şeyin mülkü ve tasarrufu (hükümranlığı) elinde bulunan Allah'ın şanı ne yücedir. Siz de yalnız O'na döndürüleceksiniz.

37:8 - Onlar yüksek (melekler) topluluğunu dinleyemezler. Her taraftan kovulup atılırlar.

37:150 - Yoksa biz melekleri dişi yaratmışız da onlar şahit mi bulunuyorlarmış?

38:69 - "Münakaşa ederlerken, benim melekler yüksek topluluğuna ait ne bilgim olabilirdi?"

38:71 - Hani Rabbin meleklere demişti ki: "Ben çamurdan bir insan yaratmaktayım."

38:73 - Bunun üzerine meleklerin hepsi toptan secde ettiler.

39:75 - Meleklerin de arşın etrafını kuşatarak, Rablerine hamd ile tesbih ettiklerini görürsün. Artık halk arasında hak ile hüküm icra edilip "Alemlerin Rabbi Allah'a hamdolsun" denilmektedir.

41:14 - Onlara Allah'tan başkasına kulluk etmeyin diye önlerinden ve arkalarından peygamberler geldiği zaman: "Eğer Rabbimiz dileseydi mutlaka melekler indirirdi. Biz sizin tebliğ için gönderildiğiniz şeylere inanmayız." dediler.

41:30 - "Rabbimiz Allah'tır." deyip, sonra da doğrulukta devam edenlere gelince, onların üzerine melekler iner ve derler ki: "Korkmayın, üzülmeyin, size vaad edilen cennetle sevinin."

42:5 - Nerde ise gökler O'nun azametinden tâ üstlerinden çatlayacak gibi titreşiyorlar. Melekler Rablerini hamd ile tesbih ediyorlar ve yeryüzünde bulunan kimseler için mağfiret diliyorlar. İyi bilin ki Allah çok bağışlayıcıdır, çok merhamet edicidir.

43:19 - Onlar Rahman olan Allah'ın kulları olan melekleri de dişi saydılar. Onlar meleklerin yaratılışını gördüler mi? Onların şahitlikleri yazılacak ve onlar sorguya çekileceklerdir.

43:53 - Eğer O'nun dediği doğru ise üzerine altın bilezikler atılmalı veya kendisiyle beraber onu tasdik eden melekler gelmeli değil miydi?"

YA HAYY

Hayatın sahibi, diri ve canlı olan her şeye hayat veren, can katan… Allah (c.c) sürekli diri ve canlıdır. Varlıkları O yaratır, hayat veren O'dur.

Ebced değeri ve zikir saati: EL-HAYY isminin zikri 18 adettir. Zikrin saati Güneş, günü Pazar'dır. Büyük ebcede göre hesaplandığında (18×18) 324 adet okunması daha etkilidir.

Etkisi:

- EL-HAYY ismi hasta üzerine okunursa şifaya kavuşur hasta.
- Bir kabın içine su ve gül suyu ile okunup üç gün hasta karışımı içerse hastalıklardan kurtulur.
- Seher vaktinde okunmaya devam ederse, istediği kimsenin kalbini etkiler…

ÖYLE OLMASI GEREKİYORDU GEREKMESE OLMAZDI...

"Allah, kişiye kaldırabileceğinden fazlasını yüklemez."

Bakara, 286

Gelene şükret
İçindeki hayrı bul
Yaşam dersi olduğunu idrak et
Şükret
Her dert yol gösterir
Teşekkür et: sana katacakları var olanın
Neden bunu yaşadığını bul
Neyi öğrenmen gerektiğini keşfet
Dingin kal
Direnme
İsyan etme
Her dert bir ödüldür
Öğreniyorsun
İmtihandasın

PANDÜL MESAJLARI

- Pandüller; doğal taşlardan (Kuvars KRİSTALLERİ), metalden, pirinçten, camdan, tahtadan ve bazı kişiler için sevdikleri takılardan yapılabilirler.
- Şifa çalışmaları ve yüksek benlik'le iletişim kurarak yanıtlar almak için doğal taşlardan olursa daha etkili olur.
- Pandülümüzün bizimle uyumlanıp programlama yapılabilmesi arındırılması gereklidir. Genelde deniz tuzu, kaya tuzu ya da bulunamadıysa normal tuz ile ovulması gerekir, yeniay ışığı alabilir. O elimizdeyken, odamızdayken olumsuz zikir yapılmamalı...
- Toprakta, ipek kumaşta, pamuk içinde bekletilebilir...
- Arındırma için, su altında birkaç dakika tutmanız yeterlidir. Pandülünüz sizin enerjinize uyumlanıp, sizin enerjinizle çalışacağından başka birinin dokunması enerjiyi bozar. Pandülünüzü Kalp Çakranızın üstünde tutun, sevgi enerjisi vererek, mevcut kanallığını ve programını sürdürmesini sağlayın.
- Kimsenin sizi rahatsız etmeyeceği bir ortamda bulunun. Avuçlarınızı birleştirip Kalp Çakra bölgesinde tutup nefes alış verişlerine yoğunlaşarak sakinleşip, merkezlendikten sonra; pandülleri avuçların içine alarak kalpten sevgi enerjisi aktarın. Sonra da niyet edilmelidir; bu esnada gelen düşünceler sevgiyle serbest bırakılır... Pandül üzerine dua okuyan, kodlama yapan, olumlu anlarında farklı enerjisi yüksek alanlarda ona enerji yüklemeyi seçenler de olabilir...

- ‘ Allah’ ın izni ile bu Pandül sadece herkesin her şeyin bütünün hayrına olacak işler için çalışmasına ve vereceği cevaplarla bütüne iyilikler ve doğru bilgiler getirmesine niyet ediyorum. Yüksek benliğim ile bağlantıya geçerek sorduğum sorulara doğru cevaplar verdiğin için teşekkür ederim. Soracağım sorulara vereceğin Evet yanıtı için sağa doğru dönmeni, Hayır yanıtı için sola doğru dön.’
- Kullandığınız elinizle (sağ veya sol) pandülünüzü zincirinin ucundan tutun ve taşın sağa ve sola sallanması durana kadar bekleyin. Diğer elinizin avuç içini pandülünüzün altına tutun ve niyete girip sorunuzu sorun. Pandülünüzle uyumu sağlamak için bir süre ve enerji geçişi gereklidir. Test etmeyin, şüphe katmayın, geleni alın…
- Soru ve bilinçaltı etkileri, o anda bir enerji yaratacak… Pandülünüz hareket edecek sağa ya da sola doğru dönmeye başlayacaktır. Aranızda enerjisel bir bağ ve uyum oluşması için bir süre gereklidir ve de güvenmeniz... Odanızdaki melek köşesi veya başka enerji alanlarında onu bulundurun, yastığınızın altında da bazı geceler bulundurmalı ve gün içerisinde yanınızda uygun oldukça taşımalısınız.
- Eğer sorduğunuz sorunun cevabı belirsiz ise pandülünüz ileri-geri gidiş yapabilir…
- Eğer bir resim ya da fotoğraf üzerinde çalışma yapacaksak; resmi temiz ve düzenli bir masanın üzerine koymalıyız.

KRİSTAL ŞİFASI

Kristaller şifa gücüne sahiptir… Kristal taşlarda bulunan elektromanyetik enerji, bedenin enerji merkezindeki olumsuz enerjiye etki ederek o alandaki blokajları ve tıkamaları temizleyip düzenler.

Enerji bedeni üzerinden etkinliğini göstererek şifa, zihinsel ve bedensel olarak da rahatlatır ve arınma sağlar.

Kristalin enerji alanı çok güçlüdür. Kristal ve içindeki güç kaynağı, enerjimizi dengelememizi sağlamaktadır. İnsanın yaşamındaki herhangi bir kötüye gidiş aslında sadece "enerji" ile ilgilidir. Hastalıklar bile vücuttaki enerji dengesizliklerinden oluşmaktadır: OL DER VE OLUR kitabımda bu konuyu detaylı inceleyebilirsiniz…

Enerji alanı dengeye kavuştukça kişi canlanır ve kendisini çok daha iyi hisseder. Aura temiz çakralar açık olmalı bu durumda.

Kristal, zihin ve bedende iyileşmeler kaydetmek için, diğer şifa uygulamalarını yaparken, kodlama, meditasyon çalışırken doğal taşlardan oluşmalı. Doğal taşlar sadece

zihinsel ve bedensel şifa vermekle kalmaz, aynı zamanda ruhsal gelişimi sağlayan enerjiyi barındırır. Yaşam kalitesini yükseltir, sezgi gücü verir, olumsuzu iptal eder, şifalandırır.

Kristal Şifası, insanı bir enerji olarak görür, evrenle bütün ile bir olarak algılar.

Enerji akımındaki blokajlar yani tıkanmalar kristal ile saptanır ve geçer…

Doğal taşların güçlü enerjileri, milyonlarca yıllık bir mirastır ve içlerinde sırlar, şifa, güç enerjisi, bilgelik, dönüşüm ve belki de insanın ihtiyaç duyduğu birçok etkiyi tutar.

Her taşın farklı enerji titreşimi ve farklı etkileri vardır kendine özgü...

Taşları üzerinde taşıyan kişiler bu enerjiyi alır, ayrıca bir mekanda bulunan doğal taşlar da, hem mekanı dönüştürür. Taşlar kişileri seçer, ona karşı adı konamayan tuhaf ama güzel bir çekim hissedersiniz.

Kristal Şifada, kişinin enerjisi dengelenerek şifa verilir. İnsan da zaten enerjiden oluşur.

Bir kristalin size kendi titreşimleriyle ilettiği evrensel şifa enerjisi yoğun ve güçlüdür, frekansınızı bir üst seviyeye geçirebilir.

İSTEK

NEYİ ÇOK İSTİYORSANIZ TÜM SAF SEVGİ ENERJİNİZİ, TÜM GÜCÜNÜZLE ONA YOĞUNLAŞTIRIN, İPTAL ETMEYİN. SABREDİN. ENİNDE SONUNDA SİZİN OLACAKTIR.

HENÜZ OLMUYORSA...

Arınmadan başlamış olabilirsiniz...

Konuyu tıkayan gerçek kök sebep bulunamamıştır.

Herkesin ve her şeyin hayrına olmayanı istiyor olabilirsiniz.

Sonuca güvenmeme hali olabilir.

Kuşku ve iptal enerjisi katılmış olabilir...

Etraftaki olumsuz kodlayan kişilere kulak asmayın.

Gereken yaşam dersi henüz alınmamış olabilir.

Ruhsal hafızadaki eski ve olumsuz kayıtlar sabote ediyor olabilir.

Konuyla ilgili karma borcu ödenmemiştir.

Kendinizi bu konu karşısında değersiz görüyor olabilirsiniz...

İnanmıyorsunuzdur...

Bir şeyi istemekten öte ona inanmak sonucu getirecektir. Duanı artır...

DEĞERİNİ BİL, YOLUNA SAHİP ÇIK

İnsan olmak çok özel ve eşsiz bir deneyimdir. Her insan eşsiz doğar ve bu ona verilmiş bir lütuftur. İnsana kendi ruhundan üfleyen Allah, insanı çok iyi yerlerde görmek ister fakat özgür irade sahibi insan değerini azaltarak yanlış seçimler de yapabilir. Güç sahibi olarak doğarız, bazen en güçsüz halimizi seçeriz. Kendi seçimlerimizle tuhaf şekilde kendimizi sevmeyip cezalandırmış gibi yaşarız...

Dışarıda güç aranmaz. Güç içinde zaten güçle doğdun ve Allah seninle, senden güçlüsü yok. Kozmik kanalda tüm bilgiler mevcut ve doğum anında o bilgilerden alarak zaten Dünya boyutuna geldik. Genetik kodlarımızda bilgiler dolu... Tüm bu gerçekleri kenara atıp, dünyevi, değersiz, faydasız, zararlı olana yönelmeyelim... Diledin mi ve gerçekten istedin mi, uygulama yaptın mı, duanı artırdın mı... Neler yapıyorsun bu boyutta bir üst frekansa geçmek için?..

Evrende bilgiler var ve onlara ulaşacak tüm güç, geçiş kanalları bizde var. Her zerre bütünün bilgisinden taşır, artık yaşama sahip çıkma zamanı geldi... Aydınlanma için öz'e ve içe dönmek, ana bilgiden ayrılmamak, faydalı olanı takip etmek, bütünün hayrına çalışmak gerekir. Tasavvuf bilginleri dua ve esmaların ışığında yaptıkları zikirler ile meşgul olurlardı. Dünyayı, insanı, kendini neden burada olduğunu bulabilmek için doğru yolu tutmalıyız... Sana iyi gelmeyeni veya Allah'ın senin için istemediğini zaten bırakabiliyor olman gerekir... Değiştirilebilir kader de olduğuna göre, mutlak kaderin yanında, o zaman yolu tut ve yaşamına sahip çık. Seni çok severek yarattı Allah sen de kendini o kadar çok seviyor musun...

Yoksa değersizleştiriyor musun… Sizler özel birer enerjisiniz ve bunun farkında olmadan yaşamak kendinize yapacağınız büyük bir haksızlıktır. Varlığını oluşturan her şeyi bil ve tanı, niyetine sahip çık. Duayı takip et. Zikirlerinin manevi ışığı sana yolu açacak…

ALLAH

Günlük okuma sayısı: 66

YA ALLAH YA HU okumasına her gün düzenli olarak 1000 adet olarak devam ederek mucizelere kapı açabilirsiniz…

EVLİLİK İÇİN

"Allahümme salli ala Seyyidina Muhammedinil Fatihil Ebvab" duasını 7 gece 1001 defa okuyup her gün ayrıca 3500 adet YA SEMİ zikri çekilir.

Eski ilişkilerin üzerinizde blokaj yaratmaması için...

Niyete girerken geçmişi bırakın.

Suçluluk ve güvensizlik olmamalı...

Hayırlısı olan istenmeli...

Her kalp Allah'a bağlıdır, ruh eşi de O'ndan istenmeli...

Geçmişten gelen manevi yük ya da borçlar olmamalı.

Arınmış olmalısınız.

BLOKAJI KALDIRMA

Nasrun minellahi ve Fethün karib...

Bu duayı blokajın kalkmasına niyet edip 340 kere okumaya düzenli başlanır...

Dualar frekansı yükseltip sezgi gücünü de artırdığı için, bu süreçte konunun önünün de nerede ne olduğu için kapandığını bulmuş, hissetmiş olacaksınız...

Blokajları da biz oluştururuz.

Farkında olmak önemlidir.

Geçmişten gelen manevi bir borçla da alakalı olabilir.

Aileden de geçmiş olabilir...

İlk oluştuğu anı saptayın.

Direnmeyin hatta teşekkür edin.

İçindeki hayrı bulun.

Dönüştürün.

Neyi öğretmeye çalıştığını keşfedin.

NUH SURESİ

İşyerinde bolluk ve bereket için okunur.

1. İnna erselna nuhan ila kavmihi en enzir kavmeke min kabli en ye'tiyehum 'azabun eliymun.
2. Kale ya kavmi inniy lekum neziyrun mubiynun.
3. Enı'budullahe vettekuhu ve etiy'uni.
4. Yağfir lekum min zunubikum vc yuahhırkum ila ecelin musemmen inne ecelellahi iza cae la yuahharu lev küntüm ta'lemune.
5. Kale rabbi inniy de'avtu kavmiy leylen ve neharen.
6. Felem yezidhum du'aiy illa firaren.
7. Ve inniy küllema de'avtuhum litağfire lehum ce'alu esabi'ahum fiy azanihim vestağşev siyabehum ve esarru vestekberustikbaren.
8. Summe iniy de'avtuhum ciharen.
9. Summe inniy a'lentu lehum ve esrertu lehum israren.
10. Fekultüstağfiru rabbekum innehu kane ğaffaren
11. Yursilissemae 'aleykum midraren.
12. Ve yumdidkum biemvalin ve beniyne ve yec'al lekum cennatin ve yec'al lekum enharen.
13. Malekum la tercune lillahi vekaren.
14. Ve kad halekakum atvaren.
15. Elem terav keyfe halekallahu seb'a semavetin tıbakan.
16. Ve ce'alelkamere fiyhinne nuren ve ce'aleşşemse siracen.
17. Vallahu enbetekum minel'ardı nebaten.

18. Summme yu'ıydukum fiyha ve yuhricukum ıhracen.
19. Vallahu ce'ale lekumul arda bisatan.
20. Litesluku minha subulen ficacen.
21. Kale nuhun rabbi innehum 'asavniy vettebe'u men lem yezidhu maluhu ve veleduhu illa hasaren.
22. Ve mekeru mekren kubbaren.
23. Ve kalu la tezerune alihetekum ve la tezerunne vedden ve la suva'an ve la yeğuse ve ye'uka ve narcn.
24. Ve kad edallu kesiyren ve la tezidizzalimiyne illa dalalen.
25. Minma hatiyatihim uğriku feudhıhu naren felem yecidu lehum min dunillahi ensaren.
26. Ve kale nuhun rabbiy la tezer 'alel'ardı minelkafiriyne deyyaren.
27. İnneke in tezerhum yudıllu 'ıbadeke ve la yelidu illa faciren keffaren.
28. Rabbiğfirliy ve livalideyye ve limen dehale beytiye mu'minen ve lilmu'miniyne velmu'minati ve la tezidizzalimiyne illa tebaren.

ZORLUĞU AŞMAK

YA LATİF esması zorlukları aşmada, güçlük çekildiğinde, manevi ve maddi olarak yükseliş istendiğinde insanlara yol gösterir. Her gün 129 kere çekilir.

"İnne rabbi latiyfül lima yeşa. İnnehu hüvel alimul hakim." Yusuf Suresi/100

"Allah dilediğine lütfedicidir. Çünkü O iyi bilendir. Hikmet sahibidir."

YA RAFİ ESMASI İLE YÜKSELİŞ

Özel sırlı esmalardan Ya Rafi, halk arasında "yıldızım düşük" diye kendini tanımlayan, olacak işleri olmayan, son anda iptaller yaşayan, çok kolay gelişecek işleri hep terse girenlerin başvurması gereken bir zikirdir. Ya Rafi ismi "yükselten, şan şöhret veren, yüksek makama taşıyan" anlamını içerir. Her gün 351 defa zikrederek yeni kapıları açabilir, blokajı geride bırakabilirsiniz...

ÇOK SEVİLEN BİRİNİ ÇEKMEK

Tüm kalbinle ve safça iste
Onun da hayrına ise iste
Özgür iradeye saygı duy
Telepatik bağı güçlendir
Gerçekten sev
Hesap veya menfaat olmasın içinde
"YA KADİM YA DAİM YA EHAD YA MUHAMMED

Kulhuvellahü ehad, Allahus samed, lem yelid velem yuled ve lem yekün lehü küfüven ehad. Ve sallallahü ala seyyidina Muhammedin ve alihi ecmain." 21 sabah boyunca Güneş doğarken 100 defa okunur, hayırlısı istenir.

ZORDA OLANLAR İÇİN

"ALLAHÜMME SALLİ ALA SEYYİDİNA MUHAMMEDİN SALATEN TEHULLU BİHA UKDETİ VE TÜFERRİCU BİHA KÜRBETİ VE TAKZİ BİHA HACETİ VE ALA ALİHİ VE SAHBİHİ VE SELLİM" 5 vakit namaz sonrası her gün okunur.

Kısmet açmak

Zorluğu aşmak

İstediği konu güç olanlar

Mutluluk ve bolluk

Özel dilekler için okunur…

ÖZEL OKUMA

1340 defa her gün ELİF LAM MİM ayeti okunur.

707 defa YA VARİS esma okuması ile devam edilir…

Hak ettiğiniz bir konuda zorluğu aşmak, istenileni almak, konuyu çözüme açmak için okunur.

FETİH SURESİ

19 GÜN BOYUNCA 1001 DEFA OKUNUR, olmaz dediğin işler olur Allah izin verirse...

1. İnna fetahna leke fetham mübına

2. Li yağfira lekellahü ma tekaddeme min zembike ve ma teahhara ve yütimme nı'metehu aleyke ve yehdiyeke sıratam müstekıyma

3. Ve yensurakellahü nasran aziza

4. Hüvellezı enzeles sekınete fı kulubil mü'minine li yezdadu imanem mea ımanihim ve lillahi cünudüs semavati vel ard ve kanellahü aliymen hakiyma

5. Li yüdhılel mü'minine vel mü'minati cennatin tecri min tahtihel enharu halidiyne fiyha ve yükeffira anhüm seyyiatihim ve kane zalike ındellahi fevzen aziyme

6. Ve yüazzibel münafikıyne vel münafikati vel müşrikiyne vel müşrikatiz zanniyne billahi zannez sev' aleyhim dairatüs sev' ve ğadibellahü aleyhim ve leanehüm ve eadde lehüm cehennem ve saet masiyra

7. Ve lillahi cünudüs semavati vel ard ve kanellahü azizen hakiyma

8. İnna erselnake şahidev ve mübeşşirav ve neziyra

9. Li tü'minu billahi ve rasulihi ve tüazziruhu ve tuvekkiruh ve tusebbihuhu bükreten ve esıyle

10. İnnellezıne yübayiuneke innema yübayiunellah yedüllahi fevka eydiyhim fe men nekese fe innema yenküsü ala nefsih ve men evfa bi ma ahede aleyhüllahe fe se yü'tihi ecran azıyme

11. Se yekulü lekel mühallefune minel a'rabi şeğaletna emvalüna ve ehluna festağfir lena yekulune bi elsinetihim ma leyse fi kulubihim Kul fe mey yemlikü leküm minellahi şey'en in erade biküm darran ev erade biküm nef'a bel kanellahü bima ta'melune habiyra

12. Bel zanentüm el ley yenkaliber rasulü vel mü'minune ila ehliyhim ebedev ve züyyine zalike fı kulubiküm ve zanentüm zannes sev' ve küntüm kavmen bura

13. Ve mel lem yü'min billahi ve rasulihi fe inna a'tedna lil kafiriyne seıyra

14. Ve lillahi mülküs semavati vel ard yağfiru li mey yeşaü ve yüazzibü mey yeşa' ve kanellahü ğafurar rahiyma

15. Se yekulül mühallefune izen talaktüm ila meğanime li te'huzuha zeruna nettebı'küm yüriydune ey yübeddilu kelamellah kul len tettebiuna kezaliküm kalellahü min kabl fe se yekulune bel tahsüdunena bel kanu la yefkahune illa kaliyla

16. Kul lil muhallefine minel a'rabi se tüd'avne ila kavmin ülı be'sin şedidin tükatilunehüm ev yüslimun fe in tütıy'u yü'tikümüllahü ecran hasena ve in tetevellev kema tevelleytüm min kablü yüazzibküm azaben elima

17. Leyse alel a'ma haracüv ve la alel a'raci haracüv ve la alel meriydı harac ve mey yütiıllahe ve rasulehu yüdhılhü cennatin tecri min tahtihel enhar ve mey yetevelle yüazzibhü azaben eliyma

18. Le kad radıyallahü anil mü'minine iz yübayiuneke tahteş şecerati fe alime ma fi kulubihim fe enzeles sekiynete aleyhim ve esabehüm fethan kariyba

19. Ve meğanime kesiraten ye'huzuneha ve kânallahü aziyzen hakiyma

20. Ve adekümüllahü meğanime kesiraten te'huzuneha fe accele leküm hazihi ve keffe eydiyen nasi anküm ve li tekune ayetel lil mü'minine ve yehdiyeküm sıratam müstekıyma

21. Ve uhra lem takdiru aleyha kad ehatallahü biha ve kanellahü ala külli şey'in kadiyra

22. Ve lev katelekümüllezine keferu le vellevül edbara sümme la yecidune veliyyev ve la nesıyra

23. Sünnetellahilletı kad halet min kabl Ve len tecide li sünnetillahi tebdiyla

24. Ve hüvellezi keffe eydiyehüm anküm ve eydiyeküm anhüm bi batni mekkete mim ba'di en azferaküm aleyhim ve kanellahü bi ma ta'melune basiyra

25. Hümüllezine keferu ve sadduküm anil mescidil harami vel hedye ma'kufen ey yeblüğa mehılleh ve lev la ricalüm mü'minune ve nisaüm mü'minatül lem ta'lemuhüm en tetauhüm fe tüsıybeküm minhüm mearratüm bi ğayri ılm. Li yüdhılellahü fı rahmetihı mey yeşa' lev tezeyyelu le azzebnellezıne keferu minhüm azaben eliyme

26. İz cealelleziyne keferu fi kulubihimül hamiyyete hamiyyetel cahiliyyeti fe enzelellahü sekiynetehu ala rasulihi ve alel mü'minine ve elzemehüm kelimetet takva ve kanu ehakka biha ve ehleha ve kanellahü bi külli şey'in aliyma

27. Le kad sadekallahü rasulehür ru'ya bil hakk le tedhulünnel mescidel harame in şaellahü aminiyne muhallikıyne ruuseküm ve mükassıriyne la tehafune fe alime ma lem ta'lemu fe ceale min duni zalike fethan kariyba

28. Hüvellezi ersele rasulehu bil hüda ve diynil hakki li yuzhirahu aled dini küllih Ve kefa billahi şehiyda

29. Muhammedür rasulüllah velleziyne meahu eşiddaü alel küffari ruhamaü beynehüm terahüm rukkean süccedey yebteğune fadlem minellahi ve rıdvana siymahüm fiy vücuhihim min eseris

sücud zalike meselühüm fit tevrati ve meselühüm fil inciyl ke zer'ın ahrace şat'ehu fe azerahu festağleza festeva ala sukihi yu'cibüz zürraa li yeğıyza bihimül küffar veadellahülleziyne amenu ve amilus salihati minhüm mağfiratev ve ecran aziyma

HUZUR İÇİN

YA KERİM esmasını her gün 270 defa okumaya devam edenin evinde huzur hasıl olur...

Evde...

Kristal bulundurun...

Adaçayı yakın...

Çörekotu bulundurun...

Mavi mum yakın...

Ametisti evin merkezine koyun...

Mor renk olsun...

Tartışma ve kavga sonrası eşyaları silkeleyin...

Meditasyon müzikleri çalın...

Sevmediğiniz kişileri kabul etmeyin...

Sirke ve kayatuzu ile arındırın...

Dua edin...

Enerjisel temizlik yapın...

Evden olumsuz kişilr çıkınca eterik bağı kesin.

Televizyon sürekli açık kalmasın.

İsraf etmeyin.

NAZARA KARŞI

Besmele ile başlanır.

"Ve in yekadüllezine keferu le yüzlikuneke bi ebsarihim lemma semiuz zikra ve yakulune innehu le mecnun vema hüve illa zikrun lil alemiyn" tuza veya suya okunur. Yenir içilir. Nazardan korunmanın en etkili yolu elbette önce dualar, sonra da temiz, saf inançta kalmaktır. Daha üst seviyede frekansa uyumlandığınız zaman alt enerji insanları sizinle uğraşamaz. Ve nazarı çok düşünmek çok inanmak da iyi değildir, çok içine girince konu sizi daha çok girdabına alır. Allah büyüktür.

1111 İSMİ AZAM

* **Allâhumme innî es'eluke bienne lekel hamdu lâ ilâhe illâ entel mennânu yâ hannân**
* **yâ mennân**
* **yâ bedîus semâvâti vel ardi yâ zel celâli vel ikrâm**
* **yâ hayyu yâ kayyûmu, lâ ilâhe illâ ente subhâneke innî küntu minez zâlimin**
* **allâhumme innî es'eluke biennî eşhedu enneke entallâhu lâ ilâhe illâ entel ehadus samedullezî lem yelid ve lem yûled ve lem yekun lehû küfüven ehad**
* **elif lâm mîm**
* **allâhu lâ ilâhe illâ hüvel hayyül kayyûm**
* **ve ilâhukum ilâhun vâhidun lâ ilâhe illâ huver rahmânur rahîm**
* **yâ zel celâli vel ikrâm**
* **yâ erhamer râhimîne, allâhumme innî es'eluke bienneke entallâhu lâ ilâhe illâ entel vahidul ehadul ferdus samedullezi lem yelid ve lem yuled ve lem yekun lehû kufuven ehad, lâ ilâhe illâhu**
* **vahdehû lâ şerîke lehû**
* **lehul mülkü ve lehul hamdu ve hüve alâ külli şey'in kadîr**
* **lâ ilâhe illallâhu ve lâ havle ve lâ kuvvete illâ billâhil aliyyil azîm**
* **es'elüke bismikel eazzül ecellül ekrem**

* rabbî rabbî rabbî yâ rabbî yâ rabbi yâ rabbî lâ ilâhe illallâhu vahdehû lâ şerîke leh
* lehul mülkü ve lehul hamdu ve huve alâ külli şey'in kadîr
* el hamdu lillâhi ve subhânallâhi vel hamdu lillâhi ve lâ ilâhe illallâhu vallâhu ekber ve lâ havle ve lâ kuvvete illâ billâhil aliyyil azîm.

Çok büyük hedefler ve muratlar için 1111 kere okunur. Küsler okursa barışır. Çok tesirlidir, okurken esneme, titreme, çakralarda açılma olur... Okurken bile daha bitmeden etkiler başlar. Okuyanın gücü de artar.

YA MÜHEYMİN

Sırlı esmalardandır.

İstediğin kişiyi etkilemek, hayırlı olan bir konuda ikna etmek, sonuca ulaşmak için okunur…

Anlamı: Kainattaki tüm işleri yoluna koyan, düzenleyen, koruyan anlamını taşır.

Günlük okuma sayısı: 145

EVİ VE OFİSİ ŞİFAYA AÇMAK

Kıbleye karşı ayakta durulur.

Önceden ev veya ofis gül yağı tütsüsü ile enerji alanına açılmış olur...

Besmele çekilir.

21 adet AYETEL KÜRSİ okunur.

Her okumadan sonra evin farklı bir köşesine üflenir, niyet edilir, o an ayakta durduğun mesafeden ulaşamadığınız noktalara da göndermiş olarak kabul edin kendinizi...

40 gün devam edilir. Bağış yapılır. Kırık ve bozuk eşyalar evden çıkarılır. Enerji değiştiği için olumlu anlamda ağlama hissi yaratabilir. Unutmayın, gözyaşları zaten şifadır. Sevgiyle...

GÜLLÜ İKSİR

Kristal kaba 18 adet YA HAYY esması okunur.

İçine yağmur suyu eklenir.

Temiz su ile kap doldurulur.

324 adet YA HAYY esması okunmuş gül suyu da eklenir.

Bu karışımla el ve yüz silinir.

Her gün düzenli olarak 870 kere YA HAYY YA KAYYUM okumaya devam edilir.

YARDIM BEKLEYENE

Meleklerin zikri…

"Sübhane zil izzeti vel Ceberut, sübhane zil mülki vel Melekut, sübhanel hayyillezi la yemut, subbuhun Kuddusün rabbül Melaiketi ver ruh."

BOL KAZANÇ

Besmele ile başlanır…

"Küllema dehale Aleyha zekeriyyal mihrabe vecede indeha rizkan kale ya meryemü enna leki haza kalet hüve min indillah innallahe yerzüku meyye şaü bi ğayri hisab."

113 defa kaya tuzuna okunur, tuz mavi ipek kumaşa sarılıp iş yerinde tutulur.

BARIŞMAK İÇİN

2 Rekat Hacet Namazı kılınır.

Secdede Allah'a yalvarılır, niyet edilir.

Muhammed Suresi okunur.

1000 adet YA VEDUD YA MUKADDİM esmaları çekilir.

7 gün devam edilir...

Amin.

GERÇEK AŞKSA GELSİN

HACET NAMAZI kılınır

100 kere Tevbe İstiğfar çekilir

100 kere Salavat getirilir

131 kere Duha Suresi okunur

21 kere Ayetel Kürsi okunur

100 adet YA CAMİ YA VEDUD

336 YA MUSAVVİR esmaları okunarak devam edilir...

"Hak ve helal ise dönsün" şeklinde niyet edilir...

Okuma sürecinde mesajcı rüyalar görülebilir, uyku öncesi o kişinin üçüncü göz noktasına odaklanılır. Kalbinizden çıkaracağınız pembe-yeşil sevi ve şifa enerji ışığını da onun kalbine gönderin.

EVDE HUZUR

- Bismillahirrahmânirrahîm.
- Li'î lâfi Kurayş'in
- Îlâfihim rihleteşşitâi vessayf
- Felya'büdû rabbe hâzelbeyt
- Ellezî et'amehüm min cû'in ve âmenehüm min havf

Kureyş Suresi eve yeni alınacak bir çiçeğin üzerine okunur (21 gün boyunca her gün 5 defa). Solmaması sağlanır.

NEGATİF ETKİLERİ GERİDE BIRAKMA

Temiz bir kaba su ve 7 adet defne yaprağı koyulur. İçine dualar okunur:

Bakara Suresi

Ayetel Kürsi

Araf Suresi

Enfal Suresi

Yunus Suresi

Rad Suresi

İsra Suresi

Taha Suresi

Mümin Suresi

Birer kez okunur. Su bir gece bekler. 7 günde içip bitirilir…

BEKLEMEDİĞİN KAPILAR AÇILIR

ARAF SURESİ/89

Kadiftereynâ alâllâhi keziben in udnâ fî milletikum ba'de iz necce nâllâhu minhâ, ve mâ yekûnu lenâ en neûde fîhâ illâ en yeşâallahu rabbunâ, vesia rabbunâ kulle şey'in ilmen, alâllâhi tevekkelnâ, rabbenâftah beynenâ ve beyne kavminâ bil hakkı ve ente hayrul fâtihîn (fâtihîne).

" Allah bir kere bizleri ondan kurtarmışken yine sizin dininize dönersek Allah'a karşı ne büyük bir iftirada bulunmuş oluruz! Allah, O bizim Rabbimiz dilemedikçe bizim için ona dönmek yok. Rabbimizin ilmi herşeyi kuşatmış, bizler ancak O'na dayanmaktayız. Rabbimiz! Kavmimizle bizim aramızda hak ile hükmet (ayır) ki, Sen hakimlerin en adilisin."

Kapalı asma kilit alınır. Yukarıdaki ayet 40 defa okunur. Allah'a dua edilir, kilit açılıp denize atılır. Arkana bakmadan eve gelip tekrar şükür duası edersin...

ŞİFA İÇİN

Ağır bir hastalığı olan kişi Ya rahman esmasını her gün 298 kere okur.

3 gün süreyle her gün 1000 defa okunup da devam edilebilir...

Ele okunup ağrılı yere el koyulup şifa da verilir...

KORKULARI BIRAKMAK

1000 kere her gün YA BAKİ esması okunur
Evde lavanta yağı ile tütsü yapımına devam edilir
Olumsuz kişi, konu, mekanlarla aradaki eterik geçişler kesilir

HAYIRLI İSE ARAMASI İÇİN

BESMELE ile başlanır…

"Allahümme salli ala seyyidina Muhammedin nüriz zati ve sırrin fi cemiıl esmai ves sıfati ve ala alihi ve sahbihi ve sellim" 100 defa okunur. Geçmişteki bu kişi ile ilgili sadece olumlu anlar tekrar tekrar düşünülür. Sonunda imgelemeyle ikinizi bir olmuş sarılmış olarak görün, ikinizi bir ışık topu yapın, o son topu kalbinize gömün…

NURUN NÜBÜVVET

"Bismillahirrahmanirrahim

Allahümme zi's sultanil aziym. Ve zi'l menni'l kadim. Ve zi'l vechi'l kerim. Ve veliyyi'l kelimati't tammati ve'd da'veti'l müstecebati akili'l Hasani ve'l Hüseyni min enfusi'l hakki aynu'l kudreti ve'n nezıriyna ve aynu'l cinni ve'l insi ve'ş şeyatiyni. Ve in yekadullezine keferü le yuzlikuneke bi ebsarihim lemma semiuz zikra ve yekulune innehu le mecnun. Ve ma hüve illa zikrun lil alemin. Ve müstecabi lokm'anul hakiymi. Ve varise Suleymanu Davud ve Aleyhima's selamu'l el vedûdu 7 defa okunacak (Allah'a kalbindeki niyeti söyle) Zü'l arşi'l mecid. Tavvil umri ve sahhih cesedi vakdi haceti ve eksir emvali ve evladi ve habbibni li'n nasi ecmaıyne. Ve teba'ade'l adavete küllü min beni Ademe aleyhi's selamü men kane hayyav ve yahikka'l kavlu alel kafirin. Ve kul cael hakku ve zehekal batılu, innel batıle kane zehuka. Ve nunezzilu minel kur'ani ma hüve şifaün ve rahmetun lil mu'minine ve la yeziduz zalimine illa hasaran 17/ İsra 81-82 Sübhane Rabbike rabbil izzeti amma yasifün. Ve selamun alel mürselin, Vel hamdü lillahi rabbil alemin. A'min."

Korunmak, arınmak, dilekler, zorluğu aşmak, hastalığın şifası, sıra dışı durumlar için okunur.

DAVADA KAZANMAK İÇİN

Her gün 117 kere YA MÜİZZ YA ZÜL CELALİ VEL İKRAM okunur, haklı iseniz kazanırsınız.

DİLEK VE BOLLUK İÇİN

19 adet çörek otuna
HADİD SURESİ ve HAŞR SURESİ okunur
Mor ipek kumaş içinde çantada taşınır

ÖZEL DİLEKLERDE

18 defa Alak Suresi okunur. 19. okunurken, Secde Ayeti ile birlikte, o anda secdeye varıp dileğinizi Allah'tan tüm güç ve niyetinizle istersiniz... 7 gece devam edilir.

ALAK SURESİ Bismillahirrahmânirrahîm.

- İkra' bismi rabbikelleziy halak
- Halekal'insane min 'alak
- İkra' ve rabbükel'ekrem
- Elleziy 'alleme bilkalem
- Allemel'insane ma lem ya'lem
- Kella innel'insane leyatğa
- Erra a hustağna
- İnne ila rabbikerrü'câ
- Eraeytelleziy yenha
- Abden iza salla
- Eraeyte in kane 'alelhüda
- Ev emera bittakva
- Eraeyte in kezzebe ve tevella
- Elem ya'lem biennallahe yera
- Kella lein lem yentehi lenesfe'an binnasıyeh
- Nasıyetin kezibetin hatıeh
- Felyed'u nadiyehu.
- Sened'uzzebaniyete.
- Kella la tütı'hü vescüd vakterib

HASTALIKLARI AŞMAK VE ŞİFA İÇİN

Bir bardak suya:

Fatiha Suresi

Bakara Suresi ilk 5 ayet

21 kere de Ayetel Kürsi okunur ve içilir.

ARINMAK VE BAĞIMLILIKLARI BIRAKMAK İÇİN

Önce Besmele çekilir…

"Ya Hayyü Ya Kayyüm bi rahmetike esteğiysu aslıh li şeni küllehu ve la tekilni ila nefsi tarfete aynin ve la ila ehadin minen nas."

Her gün 21 defa okunmaya devam edilirse olumsuzu geride bırakırsınız…

TAŞLI MUHABBET DUASI

Doğal bir ortamdan 7 adet çakıl taşı alınır. Arınması için 1 gece toprakta 1 gece de Dolunay ışığı alacak şekilde taşlar bekletilir...

Ardından taşların üzerine şu dualar okunur:

7 adet Amenerrasulü

7 adet Maun Suresi

7 Nasr Suresi

7 Tebbet Suresi

7 İhlas Suresi

Her bir taşa tüm kalbinizle ve inanarak, tutkuyla, tüm iyi niyetinizle yaşamınıza çekmek istediğiniz kişinin adı söylenir. Konuya net bir şekilde niyet edilir...

Taşlar 7 gece sıcak külde bekletilir. O da sizi seviyorsa ve Allah izin verirse bir bağ kurulur.

HAFIZAYI GÜÇLÜ KILMAK İÇİN

Bir bardak suya FATİHA, MÜLK, HAŞR, VAKIA Sureleri okunur.

Okumadan önce suya Zemzem suyu ve yağmur suyu da eklenir...

Su sabah saatinde aç karnına içilir.

İçildikten sonra 2 rekat Namaz kılınır, her rekatta Fatiha bitiminde 50 kere İhlas Suresi okunur.

BOLLUK ENERJİSİNİ ARTIRMAK İÇİN

Her Cuma gecesi 1001 defa YA KERİM RA RAHİYM esmaları okunur.

FERAHA ÇIKMAK, BORCU BİTİRMEK İÇİN

Her gün sabah Namazı sonrası 100 defa:
YA KÂFİ
YA ĞANİY
YA MUĞNİ
YA FETTAH
YA REZZAK okunur.

RIZKI ARTIRMAK İÇİN

Sabah Namazı sonrası 100 defa “la ilahe illellahul melikül hakkul Mübin. Muhammedün rasulüllahi sadikul vadul emin” diyerek dua edilir. 40 gün devam edilir.

HER KAPIDAN GEÇERKEN

"Fallahü hayrun hafızan ve hüve erhamür rahımin" ayeti her kapıdan geçerken, o kapıyı geçtikten sonra görülecek işin hayırlı olması için 7 kere içinden okunur. Sağ ayak ile odadan içeri girilir. Son adımda kendinizi mavi bir ışık ile donanmış olarak imgeleyin "çok şükür" deyip başlayın...

TERFİ VE RÜTBE İÇİN

"Ve ilahüküm ilahün vahidün la ilahe illa hüver rahmanür rahiym" ayeti 7 gece boyunca, her gece 1001 defa okunur... Okuma anında tüm kalbinizle niyet edin, o işe terfi etmiş veya o rütbeyi almış halinize odaklanın, imgeleme yapın.

OLUMSUZU OLUMLUYA ÇEVİRMEK

Niyet edilir...

Gece tam 12'de nane yağı tütsüsü yakarak enerji alanı açılır.

Temiz giysiler içinde, 3333 kere bir seferde "Fallahu hayrun hafızan ve hüve erhamür rahımin. Leyse leha min dünillahi kaşifeh" okunur. 7 gece devam edilir...

EN ZOR KAPILARI AÇMAK

Besmele ile başlanır…

1153 kere "Yasin vel Kuranil hakim, sad vel Kurani ziz zikr, Kaf vel Kuranil mecid, Nun vel Kalemi ve ma yesturun" ara vermeden okunur.

NAZAR VE OLUMSUZ ENERJİLERDEN ARINMA

Koruma kalkanı niteliğindeki bu okuma var olan negatif enerjiyi de yok eder…

1 adet ENAM SURESİ

2 adet VEDDUHA

2 adet İNŞİRAH (ELEM NEŞRAH LEKE)

2 adet TEKASÜR

10 adet VEL ASR

10 adet FATİHA

21 adet SALAVAT

3 adet FELAK

3 adet NAS

7 adet İHLAS

BÜYÜK BİR HAKSIZLIĞI AŞMAK

10 gece boyunca her gece 1000 defa FİL SURESİ okunur. 10000 adet tamamlandığında hak yolunu bulur.

ŞİFA DUASI

Besmele ile başlanır…

“Ve yeşfi sudura kavmin müminin ve yüzhib ğayza kulubihim ya eyyühen nasu kad caeküm mevızatun min rabbiküm ve şifaün lima fis sudur ve hüden ve rahmetün lil müminin yahrucü min butuniha şerabün muhtelifün elvanuhü fihi şifaün lin nas ve nünezzilü minel kurani ma hüve şifaün ve rahmetün lil müminin ve yeskıyn ve ıza merıdtü fe hüve yeşfiyn kul hüve lillezine amenu hüden ve şifa.”

HAMİLE KALMAK İÇİN

Gül suyu ve normal su karıştırılır üzerine Cuma Suresi okunur sonra içilir.

Ardından Mülk Suresi ve "Fe vekaal hakku ve betale ma kanu yamelun" ayeti 7 adet hurma çekirdeği üzerine okunur. Hurmaları hamile kalmak isteyen kişi yemiş olacak. Hurmalar yatak odasında bekletilir... Her gece "YA ALLAH YA VEHHAB YA REZZAK YA FETTAH YA HALIK YA MUSAVVIR YA BEDİ" esmaları okunur. Hamile kalınca çekirdekler açık toprak alana gömülür.

EVLENMEK İÇİN

Temiz su ve gül suyu karışımına 21 adet Haşr Suresi okunur.
Okuma esnasında amber tütsüsü yapılır.
Karışım 7 Cuma sürülür.

ALKOLDEN KURTULMAK İÇİN

Bağımlı olan kişinin gömleğine:

1001 İhlas Suresi

333 Ayetel Kürsi

1001 adet Salatı Münciye okunur.

O kişi bu gömleği giyer...

Arındıktan sonra, kişi her gün 100 adet Salatı Münciye okumaya devam eder.

TELEPATİK BAĞ KURMA

7 gece boyunca gül yağı ile tütsü yaparak 70 defa KARİA SURESİ okunur.

TİCARETTE BAŞARI İÇİN

Bir avuç toprak alınıp mavi, temiz ve yeni satın alınmış bir kumaşın içine koyulur.

Üzerine 21 kez Yasin suresi okunur ve işyerinde bekletilir.

SATIŞ İÇİN

Bir mal veya mülk uzun zamandır satılamıyorsa "Allahümme ya sania külli masnuin ya mucibe külli davetin ve ya müferrice külli kürbetin ve ya alime külli hafiyyetin ve ya şahide külli necva ve ya sahıbe külli karibin ve ya ğalibe ğayra mağlubin Allahümme eselüke bi cahi sahıbil vesileti seyyidina ve nebiyyina Muhammedin sallallahu aleyhi ve selleme Ikdi haceti ve matlübi amin" okunur.

ZOR DİLEKLERİN KABULÜ İÇİN

11 kez İSTİĞFAR

71 kez KELİMEİ TEVHİD

11 kez TEKBİR

11 kez SALAVATI ŞERİFE

55 kez YA MÜCİB okunur.

EVDE BOLLUK İÇİN

Her gün 500 kez "Esselatü ves selamü aleyke bi adedi ılmillahi ala alike ya rasulallahi ağnini bi lutfike bi izzetillah" okunur.

HAKLI OLDUĞUN BİR KONUDA KAZANMAK İÇİN

"Essalatü ves selamü aleyke ya seyyidi ya rasulallahi huz bi yedi kallet hıyleti edrikni edrikni edrikni bi lütfike ve keramike ya nasıral hakki bil hakki huz hakkiy."

Bu salavat 1000 defa her gece okunur...

KISMET AÇMA

489 kez YA FETTAH okunur

Fatır Suresi 29 ve 30. Ayetleri 41 defa okunur.

Okumalara 40 gün devam edilir.

KISKANÇ KİŞİLERDEN KORUNMAK İÇİN

1 kere Yasin Suresi okunur.

Ardından, 160 kere Felak Suresi ile devam edilir...

41 kere Münafikün Suresinin 3 ve 4. Ayetleri okunur.

161 kere YA MANİ denilir.

Bu kişileri ne kadar çok düşünürseniz o kadar çok olumsuz enerjilerini alırsınız ve kendinize çekersiniz. Kendi ile mutlu olmayan kişiler başkaları ile ilgilenir. Onlar sizi her kıskandığında zaten kendi güç ve enerjilerinden kaybediyor. Kim konuşulursa güç ona geçer. Aldırmaz ve sadece dualara sığınırsanız zaten size etki edemezler.

7 GÜNLÜK ÇOK ÖZEL BİR OKUMA

Bu okuma sadece çok darda olanların, haklı olanların, konu çok zor olduğunda yapılmış diğer okuma ve formüller istenen etkiyi vermediğinde başvurulması gereken bir tertiptir.

7 gece boyunca geceyarısı başlanıp sabah ezanına kadar okumalar yapılacaktır ve sadece Ayetel Kürsi okunacaktır...

İlk gün 50 defa

2. gün 170 defa

3. gün 220 defa

4. gün 313 defa

5. gün 50 defa

6. gün 170 defa

7. gün 313 defa okunacak.

ÇOK YAVAŞ İLERLEYEN KONULARIN ÖNÜNÜ AÇMAK

41 gece boyunca, geceyarısı başlayıp her gece 1001 defa İhlas Suresi okunur.

Bu tarz özel okumalarda, hayvani gıdalar kesilir. Dinginlik ve içe dönüş yaşanır, dini olarak uygun olmayan her iş gündüz saatleri içinde de bırakılır. Gereksiz kişi ve konulardan uzak durulur. Mümkünse oruç da tutulur.

GÜZELLİK İÇİN

Kalbin enerjisi görüntüye yansır ve gerçek güzellik budur.

Bazı insanlar fiziksel olarak güzeldir ama onların güzelliği fark edilmez ya da etkilemez, bu durum onların "enerjisel" anlamda sorun yaşamasındandır.

Gül suyu üzerine Nur Suresi 3. Ayet ve Tin Suresi ilk 4 ayet okunur.

Bununla yüzünüzü silersiniz...

YARALAR İÇİN

Mücadele Suresi yumurta kabuğu üzerine okunur. Kabuk kırılıp un ufak hale getirilir. Yaralı yere koyulur.

BEREKETİ ARTIRMAK, ÖNEMLİ BİR İŞİN HALLOLMASI İÇİN

Mavi bir kumaş üzerine:

Haşr Suresi son 3 ayet okunur

İsra Suresi 30. Ayet okunur

Hud Suresi 6. ve 15. Ayet okunur

İsra Suresi 70. Ayet okunur

İşyerinde kumaş bekletilir...

ZARAR VEREN KİŞİDEN KORUNMAK

Kişileri ilahi bir anlaşmada biz yaşamlarımıza çekeriz.

Herkes bir sebepten ve bir şeyi öğretmek için gelir…

Ama artık enerjinizi çok çalıp sizi aşağı çekiyorsa bu kişi, niyete girip

161 kere Kafirun Suresi okuyun.

KORUNMAK VE KURTULMAK İÇİN

Her gün 903 kere Ya Kabız esması okunur.

Bu esma düzenli okunduğu zaman, insanlar size zarar vermekten çekinir.

Haksızlıklar biter.

Olumsuz enerjilerle ve kişilerle aranıza bir set çeker.

İnsanların ıçyüzünü daha net görürsünüz.

YENİ KURULAN BİR İŞYERİ İÇİN

3 defa Ayetel Kürsi okunur.

1289 defa YA ALLAH YA HAYY YA KAYYÜM YA ALİYYUL AZİYM zikredilir.

HER YENİ GÜNE HAYIRLA BAŞLAMAK İÇİN

21 defa "LA İLAHE İLLA ENTE SÜBHANEKE İNNİ KÜNTÜ MİNEZZALİMİYN" okunur.

Ayrıca çok darda olanlar bu ayeti 2373 kere her gece namaz sonrası kıbleye dönük okur.

ÜMİTSİZ BİR KONUNUN ÖNÜNÜ AÇMAK İÇİN

16728 defa "HASBÜN ALLAH VE NİMEL VEKİL" okunur.

HAK VE HELAL KONUDA İNSANLARI İKNA ETMEK İÇİN

BAKARA SURESİ 165. AYET

ALİ İMRAN SURESİ 134. AYET

ENAM SURESİ 121. AYET

TAHA SURESİ 39. AYET

YUSUF SURESİ 31. AYET

AHZAB SURESİ 69. AYET

İSRA SURESİ 111. AYET okunur...

140. ZİLZAL (İZA ZÜLZİLET) SURESİ

Bismi'llâhi'r-Rahmân'ir-Rahîm

(1) **İza zülziletil'ardu zilzaleha** (2) **ve ahrecetil'ardu eskaleha** (3) **ve kalel'insanü maleha** (4) **yevmeizin tühaddisü ahbareha** (5) **bienne rabbeke evha leha** (6) **yevmeizin yasdürünnasü eştaten liyürav amalehüm** (7) **femen ya'mel miskale zerretin hayren yerah** (8) **ve men ya'mel miskale zerretin şerran yerah.**

Arınmak ve zor konuların önünü açmak için 41 kere okunur.

Zarar veren konu ve kişilerden korur.

Kazanç elde etmede önü kapananın şansı çoğalır.

CUMA GECESİ iki rekat namaz kılıp 15 kere bu sureyi okuyan sıkıntılarını aşar.

İŞTAH KAPATAN OKUMALAR

Vermiş olduğum 38 kiloyu, tokluk telkininin yanı sıra sırlı esmalar olmasa yapamazdım elbette. Bir önceki kitabımda da anlattığım gibi önce regresyon yöntemi ile kiloyu tutan eski kod ve kayıtlardan arınıp sonra kodlama, telkin gibi ek yöntemlerle kısa sayılabilecek sürede 40 kilo verdim. Bu esnada geceleri tokluk veren, manevi anlamda beni doyuran, yiyeceklerden uzak tutan esmaları okudum…

40 gün boyunca 903 defa YA KABİD okunur.

520 defa YA SAMED okuması ile devam edilir.

VAKUMLAMA VE ENERJİ

Olumsuz bir olay yaşadığınızda veya olumsuz eski bir anıyı hatırladığınızda vücudunuza odaklanın…

Nereniz o an'da daha yoğun…

O noktaya iyice yoğunlaşın ve dikkatinizi verin.

Göğün bilinmeyen bir noktasından bedeninize doğru bir vakum aleti indirin.

Ucu pırlantalı ve çok parlak, göz alıcı bir vakum olsun…

Vakum vücuttaki o noktaya geliyor, vakumlayarak tüm o olumsuz etkiyi alıyor ve içine çekerek topluyor.

Sonra sevgiyle vakum aletini yine göğe gönderin.

İki elinizi birbirine sürtün yeşil bir ışık alanı yaratın.

Bu yeşil şifa ışığını yine vücudunuzdaki o noktaya eller yardımı ile yayın.

Birkaç dakika bekletin.

"Şimdi ve tüm zamanlara doğru şifayı ve dönüşümü yaşamımda kabul ediyorum, konu halloldu." deyin. Enerjiyi serbest bırakın.

ÖZEL ARINMA RİTÜELİ

Olumsuz bir olay yaşandıktan sonra uygulayın.

Filmlerde gördüğünüz gibi (sanki sizin bedeninizden öne doğru yürüyen bir siz daha varmış gibi) sizden bir tane daha çıkarın (ruh bedenden ayrılırmış gibi olan film sahnelerindeki).

İki tane sizden var şimdi...

Eski sizi ışık topu yaparak gönderin.

Olumsuz etki onunla birlikte gitti.

Şimdi yeni sizi "yenilenmenin" rengi olan altın sarısı parlak ışıl ışıl bir enerji topunun içinde hayal edin. Birçok deliği var... Nefes alıp verin, her delikten bir nefes çıkarın. Enerjiniz değişene kadar devam edin.

BİLİNÇALTINA SOR

Büyük bilge bilinçaltı her şeyi bilir ve aslında her şeyle bağlantı içidedir. Sezgi yolu ile size birçok bilgi verir. Ego'nun sesini dindirip onu dinlerseniz size rehber olur. Uyku öncesi bilinçaltına komut verin, emrinizi yerine getirir...

Bu çalışmada 4 tane kağıt hazırlayın: EVET – HAYIR – ŞİMDİ DEĞİL ZAMANA BIRAK yazan...

Kağıtları ters çevirin. Yere koyun. Yazıları görmüyor ve bilmiyor olmanız gerekir. Bilinçaltı bu çalışmada bedeni kullanarak size mesajı verecek. Her bir kağıdın üzerine adımlara gidin. Bedeninizi dinleyin. Hangisinin üzerinde geriye giderseniz o cevap yanlıştır. Hangi kağıtta beden öne doğru veya daha hızlı hareket ediyorsa, doğru cevap da our.

KORUNMA VE NAZAR

Nazar'la ilgili bu ayeti okumak her zaman etki verir:

"Ve in yekâdül'leziyne keferû leyüzlikûne biebsârihim lemma semiuz'zikre ve yekûlûne innehu lemecnun. Ve mâ hüve illa zikrûn lil'alemin" (Az kaldı kafirler o zikri (Kur'an-ı Kerim'i) işittikleri zaman seni gözleriyle yiyeceklerdi. (Nazarları değecekti). Bir de durmuşlar; "O herhalde bir mecnundur" diyorlar. Halbuki Kur'ân bütün Alemlere bir öğüttür.)

Peygamberimiz (S.A.V.) torunları Hz. Hasan ve Hz. Hüseyin'e nazar değmemesi için okurdu:

"Euzukümâ bikelimâtillâh it tâmmeti min külli şeytanin ve hammetin ve min külli aynin lâmmetin." (Allah-ü Teala'nın ayet-i kerimeleriyle onu şeytandan ve zararlı yaratıktan ve göz değmesinden sığınırım.)

Bu dua küçük çocuklar için de okunur:

"Bismillahi erkıyke min külli şey'in yüziyke ve min külli aynin ve hâsidin Allahü yeşfike."

Nazar için ayrıca okunur:

"Bismillah. Allahümme izheb harrahâ ve berdehâ ve sabehâ" (Allah'ın adıyla başlarım. Allah'ım! Ateşini, soğuğunu her türlü zararlı afetlerini üzerimizden kurtar)

LÂ HAVLE VELÂ KUVVETE İLLA BİLLÂH'IN BÜYÜK FAZİLETİ

Sabah 10 kere, akşamları 10 kere, 10 kere yatarken (La havle vela kuvvete illa billah) okumaya devam eden dünya dertlerinden kurtulur.

Yine bir hadiste; **"Lâ havle vela kuvvete illa billah doksan dokuz derde devadır. Bunların en hafifi üzüntü ve sıkıntıdır."** buyrulmuştur.

Fakirlik ve darlık çeken, günde 100 kere okumaya devam eder.

VESVESE VE KORKUDAN KURTULMAK İÇİN

"Allahümmec'al fî kalbi nûran ve fî sem'î nûran ve fî basari nûran ve fevkî nûran ve tahti nûran vec'âlni nûra" (Allah'ım, kalbime, kulaklarıma, gözlerime, nurundan ihsan eyle, nurunla her tarafımı paklandır.) Bu dua, Nas Suresi ve Felak Suresi 3'er defa okunduktan sonra okunur.

ÜZÜNTÜ VE ACI HALLERİNDE:

"La İlahe illallâhü'l Halîmü'l Kerîm, La İlahe illallâhü'l aliyyü'l Aziym. La İlahe illâllahu Rabbüssemâvâtisseb'i ve Rabü'l arşi'l Kerîm" (Halim ve Kerîm olan Allah'tan başka ilâh yoktur. Yüce Allahü Teâlâ'dan gayrı yaratıcı yoktur. Yedi gök'ün ve yüce arş'ın sahibi Allahü Teâlâ'dan başka ilâh yoktur.) Peygamberimiz (S.A.V.) kederli ve üzüntülü olduğu zamanlar bu duayı okurdu.

BORCU OLAN OKUR

"Allahümme ekfini bi helâlike an harâmike ve ağninî bifadlike ammen sivak" (Allah'ım bana helalinden mal ihsan eyle ki, haram kıldığın şeylerden uzak kalayım. Bana tükenmez hazinenden lûtfeyle ki, başkasına muhtaç olmayayım.)

BÜYÜK BİR DERDİ AŞMAK İÇİN

Resulullah (S.A.V.); *"Kim sabahleyin uykudan uyandığı vakit, üç kere bu duayı okursa, akşama kadar; akşam okursa, sabaha kadar musibet ve beladan emin olur."* buyurmuşlardır.

"Bismillâhillezi Lâ yedurru maasmihî şey'ün fil ardı vela fissemâi ve hüvessemîu'l-aliym" (Allah'ın adına sığınırım o ki, yerde ve gökte hiçbir şey, O'nun adına sığınana zarar vermez. O (yalvaranın iniltisini) işitici ve (halini) bilicidir.)

SIKINTIYI AŞMAK İÇİN

"Ya mûnise'l mustevhişîn, yâ enîse'l muteferridîn, yâ zahira'l munkati'în, yâ mâle'l mukillîn, yâ kuvvete'l musted'afîn, yâ kenze'l fukarâ, yâ mevdi ' bi şekvâ'l ğurabâ, yâ muteferriden bi'l celal, yâ ma'rûfen bi'n Neval, yâ kesira'l ifdâl, ağisnî inde kurbeti bi hakki Muhammedin ve âlihî."

(Ey yalnızların, kendi başına kalmışların arkadaşı, ey umutsuzluğa düşmüşlerin yardımcısı, ey yoksulların sahibi, ey zayıfların gücü, ey fakirlerin hazinesi, ey gariplerin sığınağı, ey kudretin yalnız kendine mahsus olduğu, ey ihsanı ile tanınmış, keremi sonsuz Rabbim, Muhammed ve âli yüzü hürmetine sıkıntımı gider.)

MOR IŞIK AĞI VE ŞİFA

360 derece, mor bir ışık topu imgele.

Kendini topun içinde olarak hayal et…

Her bir delikten, sende olan olumsuz enerjiyi çıkartarak geride bırakıyorsun…

Bu esnada sürekli nefesine odaklan, derin derin nefesler al ve ver…

Enerjin değiştiğinde ve hazır hissettiğinde:

Elini ağrıyan yerin üzerine koy ve 3 kere:"Bismillah" dedikten sonra 7 kere **"Eûzu biizzetillahi ve kudretihi min şerri mâ ecidu ve uhâziru"** diyerek dua et. *"Bedenimde çekmekte olduğum şu hastalığın şerrinden Allah'ın izzet ve kudretine sığınıyorum"* diyerek duanı tamamla.

MUCİZELERE KAPI AÇMAK

41 gün boyunca, her gün okunur. Önemli bir konuda niyet ederek başlanır...

41 kere YA ALLAH YA KERİM YA RAHMAN YA RAHİM YA KAVİYY YA METİN

41 kere ALLAHÜMME SALLİ ALA MUHAMMED

1 kere Fatiha Suresi okunur ("İyyake nabüdü ve iyyake nastain" kısmı 41 defa tekrar edilecek)

41 kere HASBÜNALLAH VE NİMEL VEKİL

41 defa LA HAVLE VE LA KUVVETE İLLA BİLLAHİL ALİYYİL AZİM okunacak.

ALLAH SENİNLE.

"Bana dua edin, size karşılığını vereyim." (Mümin-60)

"Kullarım, beni senden sorarlarsa, (bilsinler ki), gerçekten ben (onlara çok) yakınım. Bana dua edince, dua edenin duasına cevap veririm. O halde, doğru yolu bulmaları için benim davetime uysunlar, bana iman etsinler." (Bakara-186)

" Biz de Kur'an'dan öylesini indiririz ki müminler için bir şifa ve bir rahmettir." (İsra-82)

"Rabbini, içinden yalvararak ve korkarak, yüksek olmayan bir sesle sabah-akşam zikret ve gafillerden olma." (Arâf-205)

"En güzel isimler Allah'ındır. O'na o güzel isimleriyle dua edin ve O'nun isimleri hakkında gerçeği çarpıtanları bırakın. Onlar yaptıklarının cezasına çarptırılacaklardır." (Arâf-180)

İÇ HUZUR İÇİN

Sabah ve akşam 100 defa:

"Bismillahirrahmanirrahim, la havle vela kuvvete illa billah'il aliyyil azim."

GÜVENDE HİSSETMEK VE KORUNMAK İÇİN

Her namazdan sonra şu üç ayeti oku:

Ayet'el- kürsi (Bakara/255)

Şehidellah ayeti (Al- İmran/18)

"Şehidellahu ennehu la ilahe illellahu ve'lmelaiketu ve ulu'l- ilmi kâimen bil kısti, la ilahe illa huve'l- aziz'ul- hakim."

Kulillahumme ayeti (Âl- i İman/26)

"Kulillahumme malik'el- mulki tu'til mulke men teşau, ve tenzi'ul- mulke mimmen teşau, ve tuizzu men teşau, ve tuzillu men teşau, biyedik'el- hayr, inneke ala kulli şey'in kadir."

ÖZEL NİYETLER İÇİN

Güneşin doğuş ve batışından önce her gün niyetlerine odaklanırken:

10 kere: "La ilahe illellahu vahdehu la şerike leh, lehul mulku ve lehul hamd, yuhyi ve yumitu ve huve hayyun la yemut, biyedih'il- hayr ve huve ala kulli şey'in kadir."

10 kere: "Euzu billah'is- semiy'il- alim min hemezat'iş-şeyatîn, ve euzu billahi en yahzurun; innellahe huve's-semiy'ul- alîm."

Her namazdan sonra 100 defa: "Subhanellahi ve'l- hamdu lillahi vela ilahe illellahu vellahu ekber."

HER GÜN DEVAM EDEREK TÜM YAŞAM ENERJİNİ DÖNÜŞTÜR

Her kapıdan geçerken:

"La ilahe illellah, subhanellahi ve'l- hamdulillahi vela ilahe illellahu vellahu ekber."

Kur'ân ve hadislerde nakl olunan şu dört zikri çok söylemeye dikkat et:

"Maşeallahu la kuvvete illa billah."

"Hasbunellahu ve ni'mel vekil."

"Lailahe illa ente subhaneke innî kuntu min'ez- zalimin."

"Ufevvizu emrî ilellah, innellahe basir'un bi'l- ibad."

Her gün 100 defa: "Allahumme salli ala Muhammed'in ve al-i Muhammed."

Her dün 360 defa (bedendeki damarların sayısınca): "El hamdu lillahi rabb'il- alemine (kesiren) ala kulli hal."

HER GÜN OKUYARAK NİYETİNE DEVAM ET

Her gün 70 defa: "Estağfirullah."

Her gün 70 defa: "Etubu ilellah."

Her gün 100 defa: "Subhanellah."

Her gün 100 defa: "El hamdu lillah."

Her gün 100 defa: "La ilahe illellah."

Her gün 100 defa: "Allah'u ekber."

Her gün 100 defa: "La ilahe illellah'ul- melik'ul- hakk'ul-mubin."

Her gün 100 defa: "La havle vela kuvvete illa billah."

Her gün 100 defa: "Eşhedu en la ilahe illellahu vahdehu la şerike leh, ilahen vahiden ehaden sameden lem yettehiz sahibeten vela veleda."

RIZIK İÇİN ÖZEL OKUMA

Bolluğu artıran bir kehribar taşı üzerine okuyun, taş para cüzdanınızda duracak:

"Bismillahirrahmanirrahim

Şehidallahü ennehu lâ ilâhe illâ hüve vel melâiketü ve ülül ilmi kaimen bil kıst, lâ ilâhe illâ hüvel azizül hakim. İnneddine indallahil islam, ve mahtelefellezine utül kitabe illa min ba'di mâ câehümül ilmu bağyen beynehüm ve men yekfur bi âyatillâhi feinnallahe seriul hisâb."

"Allahü latifün bi ibadetihi yerzukü men yeşâü ve hüve kaviyyün aziz."

"Amenerrasulü bima ünzile ileyhi mirrabbihi vel mü'minun, küllün amene billahi vemelaiketihi ve kütübihi ve rusülih, la nüferriku beyne ehadin min rusülih, ve kalu semi'na ve ata'na ğufraneke rabbena ve ileykelmasiyr.

La yükellifullahü nefsen illa vüs'aha, leha ma kesebet ve aleyha mektesebet, rabbena latüahızna innesiyna ev ahta'na, rabbena vela tahmil aleyna ısran kema hameltehü alelleziyne min kablina, rabbena vela tühammilna, mala takate lena bih, va'fü anna, vağfir lena, verhamna, ente mevlana fensurna alel kavmil kafiriyn."

"Ya Zettavli, Ya Fettah, Ya Rezzak, Ya Kerim, Ya Vehhab, Ya Kavi, Ya Ğaniy"

RIZKI ARTIRMAK İÇİN SALAVAT-I NURUL ENVAR

Her farz namazından sonra okunur. Şans getiren özel bir salavattır.

"Allahümme salli ala nuril envar" ve sirril esrar" ve miftahi babi'l ethar, ve ashabihil ahyar. Adede in'amillahi ve ifdalih"

ŞANS DUASI

Kısmetin ve şansın açık olması ve yeni fırsatları çekmek için, 2 rekat hacet namazı kılındıktan sonra ''1000 defa La İlahe İllalah Ya Hayrel Halas Muhammedurresulullah Ya Hızır İlyas''denir. Daha sonra 1000 defa, Şad Şeydali Ya Ruha Evredin Ya Ruh Bi İzzeti Baruh'' okunur.

ALLAH HER HATANI AFFETMEYE HAZIRDIR PEKİ SEN NE KADAR TEVBE ETTİN...

Hz Ali (a.s.) şöyle buyurmuştur: **"Günahı terk etmek, tövbe etmekten daha kolay bir ameldir."**

Yüce Rabbimiz Maide suresi 39. ayette şöyle buyurmuşlar; **"Her kim haksız davranışlar yaptıktan sonra tövbe eder ve halini düzeltirse, şüphesiz Allahü Teala onun tövbesini kabul eder, Allah bağışlayıcı ve esirgeyicidir."**

Enam Suresi 54. Ayette, **"Bizim ayetlerimize iman etmiş olanlar sana geldiklerinde onlara: Selam olsun size, Rabbiniz rahmeti kendi üzerine farz kıldı ki, içinizden biri yaptığı günahlardan ve cehaletten ötürü kötü davranışlarda bulunur sonrasında tövbe ederek, kendini düzeltirse kuşkusuz Allah bağışlayan ve esirgeyendir."**

Zumer Suresi 53. Ayette; **"De ki, aleyhlerine karşı ölçüyü kaçırmış olan kullarım, Allah'ın rahmetinden ümit kesmeyin. Şüphesiz Rabbimiz, bütün günahları affeder. Çünkü O esirgeyen ve bağışlayandır."**

TEVBE DUASI

"Estağfirullah, Estağfirullah, Estağfirullah, Estağfirullah, Estağfirullah,

El - Azim, el - Kerim, er - Rahim ellezi la ilahe illa hü el-hayye'l Kayyum ve etübü ileyh

Ve es'eluhu't tevbete ve'l mağfirete ve'l hidayete lena innehü hüve't tevvabu'r-rahim

Tevbete abdin zalimin li nefsihi la yemliku linefsihi mevten ve la hayaten ve la nuşüra

Allahümme ente Rabbi la ilahe illa ente Halakteni ve ene Abdüke ve ene ala ahdike ve va'dike mesteta'tu. Euzü bike min şerri ma sana'tu Ebu'u leke bi ni'metike aleyye ve ebu'u bi zenbi fağfirli, fe innehu la yağfiruz - zunübe illa ente

Amentü billahi ve melaiketihi ve kütübihi ve rusulihi ve'l yevmi'l ahiri ve bi'l kaderi hayrihi ve şerrihi minallahi Teala ve'l Ba'sü bade'l mevti hakkun.

Eşhedü en la ilahe illallahu ve eşhedü enne Muhammeden abdühu ve Resulüh. La ilahe illallah Muhammedu'r Resulullah."

ÖNÜ KAPALI OLAN, ZOR BİR DİLEK İÇİN...

Ya müfettih, iftah
Ya müferric, ferric
Ya müsebb, sebbib
Ya müyessir, yessiril fetha vel ferecü minke
Ya Fettah Ya Alim
İyyake nabudu ve iyyake nestain
41 defa okunur...

ÖZEL HACET OKUMASI

Bismillahirrahmanirrahiym. Ve la havle ve la kuvvete illa billhi'l-Aliyyi'l-Azim. Allahümme inni es'elüke ya Kadimü, ya Daimü, ya Ferdü, ya Vitru, ya Ahadu, ya Samedü, ya Hayyü, ya Kayyumü, ya Ze'l- Celali ve'l-ikram. Fe in tevellev fe kul hasbiyallahü la ilahe illahu aleyhi tevekkeltü ve Hüve Rabbü'l-Arşi'l-Azim. Allâhumme ileyke eş'kû dâ'fe kuvvetiy ve kîllete hiletiy ve hevâniy alennâs; Yâ Erhamerrahimiyn ente Rabbül müstad'âfiyn; ente erhamu biy min entekileniy ilâ aduvvin baiydin yetecehhemuniy ev ilâ sadıykın karîbin mellektehu emrî. İn lem tekûn gadbane aleyye felâ ubâliy gayre enne âfiyeteke ev seûliy. Euzü binûri vechikellezi eşrekat lehu zulûmatu ve salâha aleyhi emriddünya vel âhıreti en yenzile bi gadabüke ev yehılle aleyye sehatük; ve lekel utba hatta terda ve lâ havle velâ kuvvete illâ bike.

HUZURLU UYKU İÇİN

- "Allahumme ğarati'n-nücûmü ve hedeetil uyûnu, ve ente Hayyün Kayyûmün lâ-te'hüzüke sinetün ve lâ nevmün, yâ Hayyü yâ Kayyûmü ehdi leyli ve enim ayni."

Anlamı:

- Allah'ım, yıldızlar söndü, gözler kapandı. Sen ise hayat sahibi, daima duran ve tutansın. Seni ne bir uyuklama tutabilir, ne de bir uyku. Ey Hay olan Allah'ım, Kayyûm olan Allah'ım, gecemi rahat kıl gözlerimi kapatıver.

7 kere okunur. Suya da okunabilir... Okurken lavanta yağı tütsüsü yapılır rahatlama için...

BİRŞEY SATIN ALMAYA NİYET EDİNCE OKUNUR

"Bismillahirrahmanirrahim, Kulillahumme malikel mülki tü'til mülke men teşaü ve tenziul mülke mimmen teşaü ve tüızzü men teşaü ve tüzillü men teşaü bi yedikel hayr. İnneke ala külli şey'in kadir. Tülicül leyle fin nehari ve tülicün nehara fil leyli ve tuhricül hayye minel meyyiti ve tuhricul meyyite minel hayyi ve terzüku men teşaü bi gayri hisab."

44 defa okunur, hayırlı ise Allah'tan istenir. İstenen Helal ve hak olmalı.

ALLAH'IN VERDİĞİNE ŞÜKRET VERMEDİĞİNE DAHA ÇOK ŞÜKRET...

Şükür Duası (sabah için)

''Allahümme ma esbaha bi min nimetin ev bi-ehadin min halkıke, fe minke vahdeke, la şerike leke, fe lekel hamdü ve lekaşşükr'' AMİN.

Şükür Duası (gece için)

''Allahümme ma emsa bi min nimetin ev bi-ehadin min halkıke, fe minke vahdeke, la şerike leke, fe lekel hamdü ve lekaşşükr'' AMİN.

HASTALIK BİR SINAVDIR VE SINAVA ASLA İSYAN EDİLMEZ...

Her dert Allah'tan gelir, tek çaresi de Allah'tır.

Hastalık sana seninle ilgili bir mesaj verir...

Neyi öğrenmen gerek, neyin sabrını deneyimliyorsun... İşte bunu bul!

Senin gittiğin doktorun seni iyileştirebilmesi bile önce Allah'a bağlıdır, sonra senin inancına.

"OL" DER VE OLUR kitabımda, tüm hastalıkların geçmişte yaşanılan hangi olumsuz anı ve konulara bağlı olduğunu, her hastalığın hangi spiritüel kaynağa bağlı olduğunu ve bazı şifa yollarını aktardım. Hasta iseniz veya bir yakınınız hasta ise tekrar göz atın, uygulayın derim. Burada da yine güzel bir şifa duası paylaşalım:

"Ezhibil be'se Rabbin nasi eşfi ve entes şafi la şifae illa şifauke, şifaen la yüğadiru sekamek."

(Bu hastalığı gider ey insanların Rabbi! Şifa ver, çünkü şifa verici sensin. Senin vereceğin şifâdan başka şifa yoktur. Öyle şifa ver ki hiç bir hastalık bırakmasın.)

AMİN.

HAYIRLI EŞ BULMAK İÇİN

"**Allahümme salli ala seyyidina Muhammedinil fatihil ebvab**" duasını Pazartesi ve Perşembe geceleri 1001 defa okuyun. Sonra 3500 defa Ya Semi esması çekilir...

"**Kezalike zevvecnahüm bihurin ıyn**" Bu dua her gün 1000 defa ayrıca okunmaya devam edilir...

Nahl Suresi 72. Ayeti "**Vallahü ceale leküm min enfüsiküm ezvacen ve ceale leküm min ezvaciküm benine ve hafedeten ve rezakaküm minet tayyibat.**" Beyaz renkte ipek bir mendile Nahl suresinin 72. ayetini okuyun çeyiz sandığınıza koyun. Mendile ayrıca 111 defa Nahl suresi okuyun. Gece yatsı namazının sonrasında gusül abdesti alınarak, kullanılmamış iç çamaşırı giyilmeli. İki rekat Allah rızası için namaz kılınmalıdır. Namazın ardından kendimiz için hayırlı bir eş bulmak ve hayırlı bir evlilik yapmaya niyetlenmeli, hayırlı olan Allah'tan istenmeli. 4356 defa Ya Allah esması okunur ardından...

EVLİLİK İÇİN OKUNUR

Cuma ezan vakti 1062 defa **"Ya Bais Celle Celalühü"** okunur.

Günde 51 defa abdestli olarak Salat-ı Mecule'yi evlenmek isteyenler okumalıdır. **"Allahümme salli ala seyyidina Muhammedin salaten tehullu biha ukdeti ve tüferricu biha ukdeti ve tüferricü biha kurbeti ve takzi biha haceti ve ala alihi ve sahbihi ve sellim."**

ALLAH'IM, OLMAYACAK, BANA İYİ GELMEYECEK ŞEYLERİ İSTEMEKTEN BENİ UZAK TUT. AMİN.

Duanın anlamı istemek, çağırmaktır.

Dualarımız kadar önemliyiz, ancak dualarımız kadardır hayatımızdaki sonuçlarımız da... Sonuçlara değil, niyetlerimize söz geçirebiliriz, sonuca zaten Allah karar verir. Ama birçok insan kendisinin yapacak bir şeyi kalmadığı zaman sadece Allah'a yöneliyor ve burada bir samimiyetsizlik başlıyor. Kişi isteklerinin gerçekleşmemesini duanın kabul edilmemesine, ardından kendinin yetersiz olmasına bağlıyor. Oysaki Allah her şeye yetendir... İşler yolundayken, dua etmeye Allah'a yakın olmaya gerek duymuyor. Kulluk bu değildir. Kulluk her an Allah ile meşgul olup her sonucu da tam inançla O'na bırakmaktır. O gerçekleştirmiş olduklarının da önünü Allah açmıştı, sen tek değildin. Ve birçok duan zaten gerçekleşti, bu nedenle hala dua ediyorsun ve etmek istiyorsun.

Hırsa kapılma.

Dua ile pazarlık yapma.

Kimden istediğini unutma.

İnançlı ol.

Niyetini gözden geçir.

Sonucu Allah'a bırak.

Zamanı sen saptayamazsın...

Dünyayı bu kadar ciddiye alma...

Duanın derinliği önemlidir.

Dua Allah ile sohbet ve huzura çıkmaktır, en içten haldir...

DEĞERLİ HADİSLER

"Mü'min, kulluk elbisesi günahlarla yıprandığında, onu tövbe iğnesiyle yamayandır. Talihli kişi, tövbesi üzerine ölendir."

Hadis-i Şerif (Bezzar)

Kişi, birinin yaptığı işten hoşlanırsa, o da onun gibidir."

Hadis-i Şerif (Taberani)

"En üstün ibadet, sıkıntı anında sabırla kurtulmayı beklemektir."

Hadis (Beyhaki).

"Birbirinize karşı mütevazı olmanızı, Allah bana vahiyle emretti. Öyle ki, hiç kimse, kimseye karşı övünmesin ve hiç kimse, hiç kimseye zulmetmesin."

Hadis (Müslim)

"Cennette büyük bir köşk vardır. İsmi cömertler köşküdür."

Hadisi Şerif (Taberani).

"Kendisine aklını yerinde kullanma becerisi verilen kimse, kurtuluşa ermiştir."

Hadis-i Şerif (Beyhaki)

"Her şeyin bir yolu vardır. Cennetin yolu da ilimdir."

Hadis-i Şerif (Deylemi).

"Geçimini sağlamakla yükümlü olduğu insanları ihmal etmek, kişiye günah olarak yeter."

Hadis (Ebu Davud).

"Her canının istediğini yemen, israftandır."

Hadis (İbn-i Mace).

"Cennette büyük bir köşk vardır. İsmi ferah evidir. Buraya ancak çocukları sevindirenler girer."

Hadis-i Şerif (İbn-i Addy)

"Doğru bir sözü işitip sonra da onu din kardeşine ulaştırarak öğretmen, ne güzel bir hediyedir."

Hadis-i Şerif (Taberani)

"İnsanlar bir şeyi layık olduğundan fazla (gözlerinde) yüceltirlerse, Allah onu mutlaka alçaltır."

Hadis-i Şerif (Beyhaki)

"La ilahe illallah diyenlere dil uzatmaktan, dışlamaktan uzak dur. Hiçbir günah yüzünden, onları kafirlikle itham etme."

Hadis (Taberani)

"Kıyamet günü, tüm haklar, sahiplerine geri ödenecektir. Hatta boynuzlu koyundan, boynuzsuz hayvana boynuz vurmasının hakkı bile alınacaktır."

Hadis-i Şerif (Müslim)

"Size şerri dokunabilecek kötü adamlara rastladığınızda, onlara selam veriniz. Ta ki, size karşı olan kötü düşünce ve düşmanlıkları dinsin."

Hadis (Beyhaki)

"Dünyaya gönül verme ki Allah seni sevsin. İnsanların elindekine göz dikme ki, insanlar seni sevsin."

Hadis-i Şerif (İbn-i Mace)

"Günahlar rızkı azaltmaz. Sevaplar da rızkı çoğaltmaz. Duayı terketmek ise günahtır."

Hadis (Mu'cemu's-sağir)

"Her duyduğunu söylemesi, kişiye günah olarak yeter."

Hadis (Ebu Davud)

"Biriniz, bazı dertlere uğramış bir kişiyi gördüğünde içinden "Beni sana verdiği dertten koruyan, beni sana ve kullarının bir çoğuna gerçekten üstün kılan Allah'a hamdolsun" dese, bu söz, kendisine verilen o nimete şükür olur."

Hadis (Beyhaki)

"Mü'min mü'minin kardeşidir. Hiçbir şekilde ona olan hayırlılığını (faydalı tavsiyelerini) elden bırakmaz."

Hadis-i Şerif (İbn-i-Mace)

"Yardıma ihtiyacı olanlara sadaka dağıtmak ve hayır yapmak istediğinde, hemen yap."

Hadis-i Şerif (Müsned)

"Yetimlerin malını, onların namına çalıştırın. Ta ki, zekat, onu yeyip eritmesin."

Hadis (Taberani)

"Biriniz ayakta iken öfkelenirse otursun. Öfkesi geçerse ne ala. Aksi halde uzanıp yatsın."

Hadis (Müsned)

"Allah, niyeti "önce ahiret" olana dünyayı da verir. Ama niyeti "sadece dünya" olana, ahireti vermez."

Hadis (İbn-i Mübarek)

YAĞMUR SUYU ÖZEL DİLEK DUASI

Yağmur yağdığı zaman Kevser Suresini 100 defa okuyun, sonra 11 defa Salavat-ı Şerife okuyun. Ve yağmur yağarken duanızı edin. Yağmur suyundan alarak içme suyunuza katın, bundan için. Duanız hemen kabul olacaktır Allah'ın izni ile…

PEYGAMBER EFENDİMİZDEN

7 gün boyunca yatsı namazından sonra 2 rekat nafile namazı kılınız. Her secde de 40 defa "la ilahe illa ente sübhaneke inni küntü minezzalimin" ayeti kerimesini okuyun. Secdede iken başka herhangi birşey okumayın. Secdeden sonra duanızı ediniz ve hacetinizi söyleyiniz fakat duadan önce ve sonra 11 defa Salavat-ı Şerife okuyun.

Peygamber Efendimiz bunu bir evliyaya rüyasında anlatmıştır. Her neyse istediğiniz, kısa sürede gerçekleşecektir Allah izin verirse...

YASEMİNLİ DİLEK DUASI

Her sabah namazından sonra, 100 defa Allah'ın aşağıdaki isimlerini okuyun. İnşaAllah bir hafta içerisinde etkisi belli olur... Duayı okumadan önce ve sonra 11 defa Salavat-ı Şerife okuyun.

- Cumartesi: "ya rahman ya rahim"
- Pazar: "yâ vâhid, yâ ehad"
- Pazartesi: "ya samed, ya ferdü"
- Salı: "ya hayyu, ya kayyum"
- Çarsamba: "ya hannan ya Mennan"
- Perşembe: "yâ zül Celali vel İkram"
- Cuma: "ya Allah ya hu"

Okumalar esnasında yasemin tütsüsü yapılır...

HAMUR VE SU KENARI

Eğer bir hacetiniz varsa ve konu zorsa, gerçekleşmiyorsa bu uygulamayı yapın. İnce bir beyaz kağıda 3125 defa `Ya Allah okunur.

Beyaz un ve suyla hamur yapılır, kağıt bu hamurun içinde durur... Hamuru da alarak su kenarına veya deniz kenarına gidin ve hacetiniz için derin dua edin, 11 defa salavatı şerife okuyun...

Kağıdı çıkarıp denize atın, hamuru fakir birine verin. Bunu yaparken abdestli olun. İnşaAllah 40 gün içersinde sonuca ulaşırsınız. Sadece 1 kere yapacaksınız, Cuma sabah zamanı seçilmelidir.

"Ya Allah Ya Rahman Ya Rahim" okuyarak su kenarından eve dönün.

HIZLANDIRMAK İÇİN

Dileklerinizin çabuk olması için Yasin Suresi 82. âyet

Türkçe Okunuş: "İnnemâ emruhû izâ erâde şey'en en yekûle lehu kun fe yekûn." (Yasin Suresi 82.ayet)

Meal: O (Allah), bir şey irade ettiği (dilediği) zaman O'nun emri, sadece ona: "Ol!" demektir. O, hemen olur.

Çok arzuladığınız bir dilek varsa, bu ayeti gece yarısından sonra 2 rekat Allah rızası için namaz kıldıktan sonra 100 kez okuyun.

CUMA GECESİ ÖZEL DİLEK OKUMASI

Cenab-ı Hak'tan özel bir haceti olan, Cuma gecesi gece yarısından sonra kalkıp abdest alarak kıbleye karşıya oturup 41 defa Kadir (İnna enzelnahü) Sure-i şerifesinin sonrasında,

41 defa aşağıdaki duayı okur:

"Allahümme ya men yektefi an cemiy'ı halkıhi ve la yektefi anhü ehadün min halkıhi ya ehade men la ehade lehü inkada'ar ricaü illa minke ve habetil a'malü illa fiyke ve süddetit taraiku illa ileyke ya ğıyaasel müsteğıysiyne eğısni."

GÜÇ VE İLHAM İÇİN

Ya ALLAH
Ya RAHMAN
Ya RAHİM
Ya HAYYU
Ya KAYYUM
Ya KERİM
Ya RABELALEMİN
Ya ZÜL CELALİ VEL İKRAM 100'er defa okunur, bitince 1 defa da FATİHA SURESİ okunur.

SIRLARA ULAŞMAK İÇİN

Pazar günü güneş saatinde (08.00-11.00 arası) Rahman Suresi okunur ve 19. ayet olan

"Meracel bahreyni yeltekıyani" ye gelince 1001 kez okunur.

Sonra sure tamamlanır.

DARDA OLAN, HIZLI YARDIM DİLEYENE "YA VEDUD"

Dört rekat hacet namazından sonra 3 defa okunur:

"Lâ ilâhe illâllâhül-'azîmül-halîm, Lâ ilâhe illâllâhü Rabbül-'arşil-'azîm, Lâ ilâhe illâllâhü Rabbü's-semâvâti ve Rabbül-ardi ve Rabbül-'arşil-kerîm."

Anlamı: "Büyük ve halim olan Allah'tan başka ilâh yoktur. Yüce Arş'ın sahibi Allah'tan başka ilâh yoktur. Göklerin,yerin ve kıymetli Arş'ın Rabbi olan Allah'tan başka ilâh yoktur."

Ya Vedud duası 3 defa okunur.

" Ya Vedudu Ya Vedudu Ya Vedud Ya ze'l arşi'l-mecîd! Ya Mubdi'u, Ya Mu'id! Ya Fe'aalen lima yürid! Es'elüke bi-nuri vechike'l-lezi mele'e erkane arşike ve es'elüke bi-kudretike'lleti kadderte biha halkıke ve bi rahmetikelleti vesiat külle şeyin. La ilahe illa ente. "Ya Muğis, eğisni!"

Türkçe anlamı:

Ey Vedûd! Ey Vedûd! Ey yüce Arşın Sahibi! Ey kâinatı hiçten ve benzersiz bir şekilde yaratıp bin bir isminin tecellileriyle emsalsiz bir şekilde süsleyen Mübdi'! Ey varlıkları ölümünden sonra yeniden inşa edip dirilten Muîd! Ey dilediği her şeyi yapan! Arşının rükünlerini dolduran Zâtının nûru hürmetine; yarattığın bütün varlıklara hükmeden kudretin hürmetine ve her şeyi kaplayan rahmetin hürmetine istiyorum. Senden başka hiçbir ilâh yoktur. Ey kendisinden yardım isteyene yardım eden! Bana yardım et. Ey güç durumda olanlara yardım eden ve ummadıkları yerlerden ihtiyaçlarını ellerine veren Muğîs! Bana yardım et!

SIRLI ESMALARDAN

İlahi ve özel bir ismi şerif olan" "Allâm'ül-Ğuyub" -Gaiblerdekini çok iyi bilen- demektir.

"Yâ Allâm'ül Ğuyubu Felâ Yefünü Şey'in Min Hıfzıhi Velâ Yeudühü"

"Ey Gaiblerdeki gizliliklerin sırlarını bilen Allahım! Eşyanın sırlarından bir şeyin miskal zerresi ilminden ve hıfzından kaybolmaz yok olmaz."

Bu ismi şerifin zikrine devam eden kimseye Allahü Teâlâ, baht açıklığı verir.

Günde 1000 defa okumaya devam edilir...

GÜZEL VE MESAJCI RÜYA İÇİN

Bismillahirrahmannirrahim

ve salllalahu ala seyyidina muhammedinil fatihil hatimi ve ala alihi ve sahbihi

Allahümme salli ve sellim ala aynir rahmetir rabbaniyyeti vel yakutetil mütehakkikatil haitati bi merkezil fühumi vel meani ve nuril ekvanil mütekevvinetil ademiyyi sahıbil hakkır rabbaniyyil berkıl estai bi müznil eryahıl malieti li külli mütearridın minel bühuri vel evani ve nurikel lamiıllezi mele'te bihi kevnekel haitı bi emkinetil mekani* Allahümme salli ve sellim ala aynil hakkılleti tetecella minha uruşül hakaikı aynil mearifil akvemi sıratıket tammil eskam* Allahümme salli ve sellim ala tal'atil hakki bil hakkıl kenzil a'zami ifadatike minke ileyke ihatatin nuril mutalsemi sallellahü aleyhi ve ala alihi ve salaten tüarrifüna biha iyyah (7 defa okunur)

12 kere Salavat çekilir

1 Fatiha Suresi okunur ve uykuya dalınır...

CUMA GECESİ HACET ÖZEL

Perşembe'yi Cuma'ya bağlayan gece 1000 defa "esselatü vesselamü aleyke ya seyyidi ya resulallah huz bi yedi kallet hilleti edrikni" okunur. Niyet edilir…

BESMELE-İ ŞERİF

Besmele-i Şerifi 12.000 defa okur her

1000 defada bir okuduktan sonra kalkıp 2 rekât namaz kılarsınız.

Hakk Teâlâ'dan hacetinizi dileyin...

DUA EDERKEN OLUMSUZ DÜŞÜNDÜĞÜNÜZDE...

Fetih Suresi 20/21

Vaadekumullâhu megânime kesîreten te'huzûnehâ fe accele lekum hâzihî ve keffe eydiyen nâsi ankum, ve li tekûne âyeten lil mu'minîne ve yehdiyekum sırâtan mustekîmâ.

Ve uhrâ lem takdirû aleyhâ kad ehâtallâhu bihâ, ve kânallâhu alâ kulli şey'in kadîrâ

Manası:

Allah size, alacağınız pekçok ganimet vadetti. Böylece bu (konuda) sizin için acele etti. Ve insanların ellerini sizden çekti. Ve mü'minlere âyet olsun ve sizi Sıratı Mustakîm'e (Hidayete erdiren yol, doğru yol) ulaştırsın diye.

Henüz elde edemediğiniz, fakat Allah'ın, ilmiyle kuşattığı başka (kazançlar) da vardır. Allah, her şeye hakkıyla gücü yetendir.

Allah her şeye gücü yetendir, dua da O'na edildiği için umutsuz olmaya kimsenin hakkı yoktur. Yine de dua anında olumsuz enerjiye girmişken kendinizi yakalarsanız elinizde olmayarak, bu ayetler size yardımcı olacaktır İNŞAALLAH.

ÖZEL NİYETLER İÇİN OKUNUR

4 rekât Allah rızası için namaz kılıp hemen yerinden kalkmadan konuşmadan 1000 defa "Allahümme inni mağlubun fantasır" okunur.

ÇOK ÖZEL VE ETKİLİ BİR DİLEK DUASI

Ğayril mağdubi aleyhim veleddallin amin.

Ya mübin (7 kez denilecek)

Allahümme sahhir li el mülke vel meleküt la ilahe illa ente ya zel celali vel ikram.

Ya hayy ya kayyum (3 kez)

bike esteğisü ya muğis eğisni (4 kez)

ya mucib ecip daveti vakti haceti ya erhamurrahimin (37 kez)

Allahümme inni es elüke bi ismikel azimül a'zami ve nebiyyükel mükerremi muhammedin sallallahu aleyhi ve sellem (4 kez tekrar)

En tef al bima ente ehlühü, inneke ehlül tekva ve ehlül mağfire...

Allahümme ırzıkna hayru-ddünya ve naimul ahireti ve tüb aleyna kablel memat, vela tü azzibna badel mevti ve hevvin aleyna sekeratül mevti, ya semiül esvat...

Allahümme sellimna ve sellim dinena vela teslüb vaktel nez-i imanena vela tefnina indel mevti. Allahümme ıhfazna minel illeti fil ğurbeti ve minel illeti indel şiddeti ve minel şekaveti indel hatemi...

Allahümme ic alni mükessiran li zikrike müeddiyen li hakkıke, raciyen li vadike, haifen min vaiduke, radıyen fi külli halin anke, ferric hemmi vekşif ğammi vakdi haceti ya kadil hacat ve ecib daveti ya mücibül daavat bi hakkı hazihil sureti, veğfirli ve li valideyye ve li cemiül müslimiyn vel müslimat vel müminine vel müminat inneke semiün kariybun, mucibul daavat bi rahmetike ya erhamü-rrahimin. (Duayı eden bu bölümde dileğini dile getirir)

YAVAŞ AKAN BİR KONUYU HIZLANDIRMAK

Her gün dualarınızın önünde veya sonunda günde 100 defa okunur.

Çok hızlı netice almak istenirse 1000 kez de okunabilir...

Duaların kabulünü çabuklaştırır.

"Allahümme salli ala seyyidina MUHAMMED..

Bismillahirrahmanirrahim

Ya Mucib, Ya Seri, Ya Müzil, Ya Cami, Ya Fettah. İnşa Allahu Kün fe yekün, Kalallahu inni münezziluha aleyküm, Ucibu da'veted dai iza deani inneke ala külli şeyin Kadir. inna fetehna leke fethan mübina ve yensurekellahu nasran aziza. Bismillahi maşaallahu la kuvvete illa billah. Amin"

ÖNEMLİ BİR İŞE BAŞLAMADAN ÖNCE

Ya kebir Ya cebbar Ya hayy Ya kayyum Ya halim Ya hamid Ya cevad Ya vehhab Ya afüv Ya Azimül üzema ente Allahül Kebirül Müteal Sübhaneke Ente Allahümme Maliküddünya vel Ahiratü eselüke en Tansureni ve Taineni ala Matlubi Ya İsrafil bi hakki Sahibül Bünyetil ülya ve bihakki semaüs sadiseti ve bihakkil kevkebül Münirül ebyadi essaidi ve bihakki Ehya Serahya Allahüssamadi ve bihakkid dünya hüvel lahu bihakki es baüt Allahül kahiri fevke ibadihi ve kibele Arşihi ve bihakkil esma Yüsebbihüllahü biha israfil illa ma Künte. Dua eden kişi, dileğine odaklanır.

7 gün boyunca her gün 1000 defa okunur.

İSTEDİĞİNİZ KİŞİYİ RÜYADA GÖRMEK İÇİN

Cuma gecesi, geceyarısından sonra 2 rekat namaz kılıp 1414 defa aşağıdaki isimleri okuyarak sağ tarafına yatıp uyuyan kimse, istediği kişiyi ya da istediği mesajı rüyâsında görür.

Okunacak isimler:

Yâ Nûr, yâ Bâsit, yâ Zâhir

HAK VE HELAL BİR KONUDA İNSANLARI ETKİLEMEK VE SÖZÜN GEÇMESİ İÇİN

ALLAHÜMME İNNİ ES'ELÜKE YA HAYRÜ MES'ULÜN VEYA HAYRÜL KEREMİ MA'MULÜN YA MEN LEHU ELHAMDÜ Bİ YED'İL BEKAÜ VEL FENAÜ VEL HAYRİ VEŞŞERRİ VEL FAKRİ VEL ĞINAİ VE LEHU ESMAÜL HÜSNA ERRAHMANİ ALELARŞİS TEVA LEHU MA FİSSEMAVATİ VE MA FİLARDİ BEYNEHÜMA VE MA TAHTESSERA VE AHFA. ALLAHÜ LA İLAHE İLLA HÜ LEHÜL ESMAÜL HÜSNA. YA MEN LEHU EMATE VE AHYA VE HALAKAL ZEVCEYNİZ ZEKERA VEL ÜNSA YA LA MANİÜ LİMEN A'TA VE MUK'İLÜ LİMEN HAZA Bİ YEFALÜ FİL MÜLKİ MA YEŞAÜ RABBÜL ERBAB VE YA MUCİBED DEAVAT YA MÜNZİLEL KİTABİ ENZELEHU ALA BENİ ADEM ALİMTE BİHİ ALA EMRİKE VE YÜSLİHU KALBEHU MA MULKİ KURBETUHU VE NEHECİ SANATIHİ VE FESADİ SIHHATİHİ VE SÜDURİ SERHİYETİ VE MARAZI YEŞFİYYETİ VED'U EBİYYETİ VE ĞANIYYİ FAKRU MİNHA ABAİ RECEBÜ ŞABANİ VE RAMAZANİ ES'ELÜKE ALLAHÜMME Bİ İSMİ AZAMİ VENNEBİYÜL EKREMİ BİME HIFZE FİL LEVHİ VEL KALEM BİNURİ ZULMETİ MA SELEM VE HİKMETİHİ BEYYİNATİ BİL HAYRİ YA MESADALLAHÜMME TEKALLÜBUSSUDUR. İLLA HAVLE SEFERÜL UMURU ENNİZAME. YA EMETİL ZEHAB YA EHLİ VELEA ŞEYİN NİMETİHİ Bİ HAKKİ VE SEFERUL SETTARİ VE ES'ELÜKE Bİ HAKKİ ESMAÜL KERİM VEL AYETİL

AZİYM EN TURUF EHATA KÜLLİ ŞERR'İN MİN KÜLLİ BENİ VE BANATİ HAVVA MİN ZEKERİN VE UNSİYYİN EV ŞEREF'EL ĞANİY MİN ŞERRİL ŞERRİ VE MA TUHALLİKU MİN NEHARİ VELLEYLİ.

RABBİŞRAHLİ SADRİ VE YESSİRLİ EMRİ VAHLÜL UKDETEN MİN LİSANİ YEFKAHU KAVLİ. VASLİHLİ EMRİ MEHAFİYETİ FİDDÜNYA VEL AHİRETİ VAİDU NEFSİ MİN KÜLLİ CEBBARİN ANUDİN LA HAVLE VELA KUVVETE İLLA BİLLAHİL ALİYYİL AZİYM. YEMLİHA MEKSELİNA MESLİNE MERNUŞ DEBERNUŞ ŞAZENUŞ KEFEŞTE TAYYUŞ KITMİR. YA ALLAH YA FETTAH YA VEHHAB YA MUCİZİ YA MEVCUDATİ ŞEFİİ ARASAT RESULÜSSEKALEYN İMAMÜL HARAMEYN VE CEDDİ HASENEYN MUHAMMED MUSTAFA SALLALLAHÜ ALEYHİ VE SELLEM.

"YA ALLAH YA FETTAH YA VEHHAB YA MUCİZİ YA MEVCUDATİ ŞEFİİ ARASAT RESULÜSSEKALEYN İMAMÜL HARAMEYN VE CEDDİ HASENEYN MUHAMMED MUSTAFA SALLALLAHÜ ALEYHİ VE SELLEM" kısmı 7 kere okunur.

KÖTÜ İNSANLARDAN KORUNMAK İÇİN

Allahümme inni es'elüke bismikel a'zamil mektubi min nuri vechike a'lel müebbed* Eddaimil bakıl mühalled* Fi kalbi nebiyyike ve rasulike Muhammed* Ve es'elüke bismikel a'zamil vahıdi bi vahdetil ehad* El müteali an vahdetil kemmi vel aded* El mukaddesi an külli ehad* Ve bi hakki bismillahirrahmanirrahıymi kul hüvellahüehad* Allahüssamed* Lem yelid ve lem yuled* Ve lem yekün lehu küfüven ehadün* en tüsalliye ala seyyidina muhammedin sırri hayatil vücud* Ves sebebil a'zami li külli mevcud* Salaten tüsebbitü fi kalbi iman*Ve tühaffizunil kur'an* Ve tüfehhimüni minhül ayat* Ve teftehu li biha nural cennat* Ve nuran neıym* Ve nuran nezari ila vechikel kerim* Ve ala alihi ve sahbihi ve sellim.

Her gün 1000 defa okunur...

TOKLUK HİSSİ VERİR

"Süphane Rabbiyel aliyyil a-lel vehhab"

Ya Rahman

Ya Nafi

Ya Melik

Ya Selam

Ya Aziym

Ya Mucib

Ya Vedud

Ya Muktedir

Ya Batın

Ya Nur

Ve şifaül lima fissuduri ve hüdev ve rahmetül lil müminiyn."

Yunus Suresi 57. Ayet okunur, en sonunda da Yasin Suresi okunur.

Gereksiz yemek yemek de, insanlar açken, dünya bu haldeyken günah ve israftır. Fazla iştahlıysanız ve bunu kesmek isterseniz bu terkibi deneyin. Manevi olarak doymak, gereksiz yemeyi de engeller.

O GÜNÜ ARINMIŞ GEÇİRMEK İÇİN

"Bismillahi ala nefsi ve ehli ve mali"
Sabah uyanınca 11 defa okunur, güne öyle başlanır.

HZ. YUNUS'UN HUZUR DUASI

La ilahe illa ente sübhaneke inni küntü minez zalimin.

ÇOCUK SAHİBİ OLMAK İSTEYENLER

ALLAHÜMME YA EVVELÜ 100 kere bebek isteyene

ALLAHÜMME YA MÜBDİÜ 99 kere düşük tehlikesi olana

ALLAHÜMME YA RAKİB 312 kere doğumda zahmet çekmemek için

ALLAHÜMME YA MÜCİB 60 kere sahip olmak için

ALLAHÜMME YA SEMİU 100 kere sahip olmak için

ALLAHÜMME YA MUĞNİ eşle muhabbet için

MANEVİ GÜÇ İÇİN

11 Fatiha

11 Ayetel Kürsi

11 Amener Rasulü

ve en sonunda da 21 defa bu dua okunur:

Bismillâhirrahmânirrahiym

Ve sallallâhü alel evveli fil îcâdi vel cûdi vücûd. El fâtihı li külli şâhidi hadrateyiş şâhidi vel meşhûdis sirril bâtıni ven nûriz zâhirillezî hüve aynül maksûd. Müheyyizü kasabis sebkı fî âlemil hulükıl mahsûsı bil ubûdiyyetir rûhıl akdesil aliyyi ven nûril ekmelil behiyyil kâimi bi kemâlil ubûdiyyeti fî hadratil ma'bûdillezî üfiyda alâ rûhî min hadrati rûhâniyyetih* Vettesalet bi mişkâti kalbî eşi'atü nûrâniyyetih* Fe hüver resûlül a'zamü ven nebiyyül ekramü vel veliyyül mükarrabül mes'ûd. Ve alâ âlihî ve ashâbihî hazâinü esrârihî ve meârifü envârihî ve metâliu akmârihî künûzül hakâikı ve hüdâtül halâikı nücûmül hüdâ limenıktedâ* Ve selleme tesliymen kesîran kesîrâ. Ve sübhânellâhi ve mâ ene minel müşrikîn. Ve hasbünallâhü ve nı'mel vekiyl, ve lâ havle ve lâ kuvvete illâ billâhil aliyyil azıym. Ve sallallâhü alâ seyyidinâ muhammedin ve âlihî ve sahbihî ecmeıyn. Sübhâne rabbike rabbil ızzeti ammâ yasıfûn. Ve selâmün alel mürselıyn. Vel hamdu lillâhi rabbil âlemin.

AMETİST RİTÜELİ

Sokaktan sevdiğiniz bir mekandan bir avuç toprak alıp eve gelin…

(Bahçe, yol kenarı, park, doğal bir ortam)

İlk Yeniay zamanında bu toprak 1 gece yeniay ışığı alarak bekletilir.

Güç ile ilgili olumlamalarınızı üzerine kod'layacağınız ametist taşınızı hazır hale getirin:

"Güç içimde

Gücüm her şeye yeter

Gücümü yeniden elde ediyorum

İçimdeki güç ile işbirliği içindeyim

Gücüme güveniyorum"

Topraktan bir daire çizin yatak odanızda ve bu ametisti tam ortasına koyun.

7 gece bekletin.

Aynı toprağı tekrar ertesi sabah doğal ortamına geri koyun.

Ametist taşınızı da sabah akşam sol avcunuzda tutun ve gücü hissedin.

AYTAŞI RİTÜELİ

1 gece Dolunay ışığı alarak bekletilmiş Aytaşınız hazır olsun.

Bolluk ve saflığı simgeleyen pirinçten bir daire yapın ve taşınızı tam ortasına yerleştirin.

Beyaz bir kağıda mavi kalem ile "dileklerinizi" yazın...

Dilek kağıdınızı bir bardak suyun içine koyun.

Aytaşının yanında su hep bekleyecek.

Yazıların tümü suya çıkana kadar bekleyin, birkaç gece alabilir...

Tüm yazı suya çıkınca kağdı denize atın: "su gibi akıcı olsun" enerjisi ile...

Suyu ise "oluşturma" enerjisi için toprağa dökün.

Gece uyku öncesi aytaşını üçüncü Göz noktanıza yerleştirin.

Gelen, bilgi, his ve vizyonları alıp kabul edin. Rehberliğinizi takip edin...

SAFİR RİTÜELİ

Gizem ve sırların taşı safirden bir yüzük edinin.

Yüzük bir gece boyunca olumlamalarınızı okuduğunuz suyun içinde beklesin...

İkinci gece toprakta tutun.

Üçüncü gece kırmızı bir dilek mumu yakın onun yanında mum kendi sönene kadar beklesin.

Dördüncü gece hava elementini simgeleyen (bulut, uçak, kuş vb...) resmi ile bekletin...

Uyku frekansı ve rüyada mesaj alma uyumlaması için de son gece yüzük yastık altında dursun...

Gerçek safir taşından olacak yüzüğünüzü her taktığınızda gelen mesajları takip edin. Bazen yanma ve sıcaklık hissi olacaktır ki bu sizi bir tehlikeye karşı uyarabilir. Bazen çok olumlu ve serin hissedeceksiniz o zaman da kararınız doğru ve yerinde demektir... Taş size mistik bir ilham ve rehberlik sunacaktır. Doğru takip ederek sezgi yolunuzu açın.

MERCAN RİTÜELİ

3 adet mercan taşını üçgen oluşturacak şekilde koyun.

Üçgenin tam ortasına bir miktar kum koyun.

Kumun içine bir tane defne yaprağı koyun ve içine gizleyin.

Bu çalışma aynanın önünde oluşturulacak.

Sol elinizin baş parmağını kumun içine koyun ve odaklanın.

Nefesler alıp verin, gevşeyin...

Ardından Üçüncü Göz noktanızdan aynaya doğru bir eterik kanal oluşturup gönderin.

Tam olarak bu geçiş netleşince gözünüzü kapatın, aynı kanaldan size doğru bilgiler ve akış gelecek. Vizyon alma gücünüz ile size gelen mesajları kabul edin.

YEŞİM RİTÜELİ

Bir hayal panosu yapın tüm dileklerinizin resmi içinde olan...

Mantar panoya ev, araba, eş, başarı veya hedeflerinizi simgeleyen tüm resimleri kesip koymuş olun...

Tüm resimlerin merkezinde gücü ve oluşturmayı simgeleyen yeşim taşınız duracak.

21 gece boyunca her gece kalp çakranızda 13 dakika yeşim taşını bekletip "ve öyle de oldu" kelimelerini içinizden geçirin... Uyku öncesi taşı yine panoya geri koyun. Taşı sizden başkası ellemeyecek.

İNCİLİ RİTÜEL

Beyaz gücün simgesi inciden her zaman takacağınız tarzda bir takı satın alın.

İnci gerçek inci olmalı.

Un: oluşturma

Tuz: korunma

Şeker: sevgi

Su: saflık

Bu elementleri koyarak bir daire çizin ve incinizi tam ortasına koyun.

7 gece bekletin.

8. gün gıdaları tüketin, suyu toprak alana dökün.

Bu inci takınızı gündüzleri takarken, geceleri de bebeklik resminizin üzerinde bulundurun.

"Saflığı ve tüm saf enerjileri yaşamımda kabul ediyorum" diyerek niyet edin.

Takıyı taktıkça gelen enerji ve mesajları takip edin, kabul edin.

AKİK RİTÜELİ

1 gece Dolunay, 1 gece de Yeniay ışığında bekletilmiş akik taşınız hazır hale gelince.

Sağ elinizde taşı tutarken sol elinize de bir miktar kağıt para alın.

7 gece boyunca para, bolluk, kariyer ile ilgili dileklerinizi düşünün bu parayı ve taşı tutarken...

Gece tutulan paralar sabah harcanmış ya da bağışlanmış olacak.

8. gece toprak elementini simgeleyen kahverengi bir kalem ile dileklerinizi beyaz kağda yazın "hızla olsun" enerjisi için yakın. Külleri evin dışında bir toprak alana gömün.

Akik taşınıza bereket olumlamalarınızı kodlayın:

"Bolluk benimle

Bereket benim hakkım

Parayı hak ediyorum

Artarak rızkım çoğalıyor

Her istediğimi kolayca satın alabilirim"

Taş her zaman para cüzdanınızda bulunsun.

BEYAZ KUVARS RİTÜELİ

Beyaz iplik ile 7 adet 'açılabilecek şekilde', halka gibi düğümler hazırlayın.

Daire şeklinde ipi koyun masaya.

Üzerine dilek, niyet, iyi niyet enerjilerinizi kod'ladığınız beyaz kuvars taşınızı dairenin merkezine yerleştirin.

Bu konunuzun önünde ne tip engeller varsa her bir düğümü o engel olarak düşünün.

7 gece boyunca, her gece bir halkayı yani düğümü açın "Konumun önü açıldı" şeklinde niyet edin, odaklanın...

7. gece sona ermiş olacak.

Ertesi sabah arınma, kurtulma niyeti ile ipliği denize atın.

Arkanıza bakmadan deniz kenarından uzaklaşın...

Kuvars kristalinizi eve yeni satın alacağınız solmayan tarzda bir çiçeğinizin saksı kısmında toprağın merkezine doğru yerleştirin.

Mesajcı rüyanızı takip edin.

FİRUZE RİTÜELİ

Deniz kenarına giderek 6 adet taş toplayın.

Bu taşlardan bir çember yaratın çemberin ortasına da şifanın, arınmanın, nazardan korunmanın gizemli taşı firuzeniz koyulacak. Yedinci ve tamamlayıcı taş firuze olacak yani...

21 gece boyunca, her gece önünüzde bu çalışma dururken, cd yardımı ile dinleyeceğiniz ya da internetten açacağınız okyanus sesini dinleyin...

Arınmaya, geride bırakmaya, dönüşüme, saf enerjilere niyet edin...

Son gece 7 dükkan süprüntüsü tütsüsü yakın evde. Hepsi patlayınca tüm tütsü yanınca bu karışımı aynı gece evin dışına çıkarın. Dua ederek evi sirkeli su ile silin, özellikle köşe kısımları...

Taşları aldığınız yere geri götürün.

Firuze taşınızı geceleri yastık altında bulundurun, gündüzleri de evin merkezinde tutun.

Olumsuz düşünürken kendinizi yakalayıp iptal ederken de taş daima sol avcunuzda olsun...

AQUAMARİNE RİTÜELİ

Aquamarine taşı akışı sağlayan olumlu enerjisiyle zor dileklerin önünü açar…

Açık mavi bir kumaştan kurdele alın.

Yatak odanızın penceresinin kulbuna 7 kez dolayarak kurdeleyi asın.

Mavi tükenmez ile dileklerinizi yazın yakın, külleri yatak odanıza serpin.

Mavi mumu 7 gece yakın, 7. Gece bir şekil alacak. Bu şekli yine yatak odanızda saklayın.

Bu süreç içinde yeniay ışığında bekleteceğiniz Aquamarine taşınızı, ne zaman dileğinize odaklanmak isteseniz sol avcunuzda tutun. Dönem içinde rehber hayvanların özellikle mesaj vermeyi seven kedilerin verecekleri mesajları, onların hareketlerini takip edin.

Taş çantanızda olsun, elinize alın ve kedinin ne yaptığını takip edin.

Dilek gerçekleşince penceredeki kurdeleyi çözün, doğal ortamda bir ağacın üzerine bırakın.

HER ACI BİR FIRSATTIR

Acıları ve acı dolu bir deneyimi ilahi planda biz seçeriz ve yaşamımıza çekeriz.

Acı; bir değerdir ve öğretidir.

Derin bir insan acıya olumlu anlam yükler, onun bir değer olduğunu görür.

Sınanma yani acı deneyimi, senin için hassas ve belki de çok çaba sarf ettiğin bir alan-konu üzerinden sana sunulur.

Acı geldiğinde direnir ve isyan edersen kalıcı hale gelir, hoş karşılarsan görevi bitince seni terk eder.

Acı bir imtihandır, acı karşısında yıllar geçiyor ve sen hala aynı reaksiyonu veriyorsan gelişmiyorsun demektir. Olgunlaşan ruh, acı karşısında zaman içinde verdiği tepkiyi değiştirir.

Acıdan çok bahsetme. Bahsedip onun enerjisini büyütme. Herkesle oturup bunu konuşma, bu neden yaşandı asıl bunu keşfetmeye çalış... Acıyı şans ve fırsata çevirmek, onun sunduğu deneyimi yaşamın içinde değerlendirmek senin elinde.

Zaten imtihan için gelinen yerde, imtihana isyan edilmez.

Aslında en çok acıyı çeken, en şanslı.

Derinliği veren acının ta kendisidir.

Acılara teşekkür et ve onların verdiği yaşam derslerine de...

Hala devam eden, süreklilik gösteren bir acın varsa: gereken yaşam dersi başka bir yerde duruyor demek ki, sen onu bulduğunda acın da son bulmuş olacak.

Değerli ve değer katan herkesin yolu, geçmişte mutlaka acıdan geçmiştir.

SEVGİ ENERJİSİNDE KALMAK

Frekansın değiştikçe sık sık yapman gereken ve tekrar etmen gereken bir şey var: sevgi enerjisinde kalmak.

Kızmak, anlamamak, olumsuzun içine girmek, direnmek, isyan etmek, olumsuz karşılık vermek yerine iptal etme enerjisine geçmen gerek.

Bunu sık sık yapınca bir süre sonra olumsuz olaylar, konu vc kişilcr dc scni bırakır.

Olumsuz bir konu senin önüne geldiğinde, enerjinle ve imgeleme gücünle o an'da onun yerine bir başka pozitif olay koy. Gülümse ve bunu bir oyun gibi gör.

Bir hareket veya imge bul kendine sıksık tekrar edeceğin:

Çarpı işareti yapmak, makas ile kesmek, siliyormuş gibi yapmak, çöp kutusu imgelemek gibi…

Bu şekilde yaptığında konunun içine girip, olumsuz etkisini almadan ondan kurtulmuş olacaksın. Bir süre sonra, tekrar ettikçe, hızlanacaksın. Bu işte ustalaştıkça hiçbir şey sana kötü, olumsuz veya dert verici gelmemeye başlayacak. Olması gereken de bu.

"Yaşadığım her olay olumlu, her gelişen konunun içindeki pozitifi görüyor ve keşfediyorum. Her şey hayrıma, her şeyi olumluya çevirme gücü zaten benimle."

"HAYIR" DEMENİN GÜCÜ

"Hayır" demen gereken yerde "evet" deme.

Başkaları için yaşama.

Başkaları için yaşarken kendine geç kalma.

Hayır demek bir güçtür, seni yeniler. Orada hayır ile iptal edilen ve istenmeyen, yani olmayan şey, sana başka bir kapı açar.

Kendinden çok değer verdiğin herkes seni buna pişman eder.

Başkaları için yaşamak güç kaybıdır.

İyilik gibi dediğin her "isteksiz" evet, bir süre sonra görevin olacak. Hep senden isteyip sana hiçbir şey katmayacaklar...

Hayır de bu sefer kendini seç.

Kendi kul hakkına girme.

Allah sana o kadar çok değer verdi ki diğer tüm insanlardan farklı yarattı. Parmak izin bir kimseyle aynı değil. Bu kadar eşsizken sen değerini fark et ve ettir!

Sen kendine nasıl davranırsan insanlar da sana öyle davranacak.

İstediklerini nasıl söylüyorsan, istemediğini de söyle ve "hayır" de.

Bu dünyada birileri imtihan için karşına çıkacak, gerekmediği halde bu kişilere "evet" dersen bu tip enerji hırsızları etrafında birikecek. Hayır dersen olumsuz enerjiyi iptal etmiş, bu konuya bir set çekmiş olacaksın.

Bazen hayır diyebildiğin kadar varsın...

Evet demek zorunda değilsin ki, zorunda kalma hissi ile yapılan hiçbir iş fayda ile dönmez sana. Korkma ve yaşamına, enerjine sahip çık. Artık gereken her yerde "hayır" de, istemediğin hiçbir şeye boyun eğme.

BENZEMEK İSTEMEDİĞİNİZ KİŞİLERLE ZAMAN GEÇİRMEYİN

Enerji hırsızları başkalarının enerjisini çalarak beslenir ve elbette ki sizden o enerjinizi alabilmek için size başta sevgi kisvesi, dost kisvesi veya birşeyler vermek amacı ile yaklaşır...

En değerli gücünüzü yani enerjinizi kimlerle paylaştığınız çok önemlidir.

Auranız, diyalog kurduğunuz, cinsel anlamda birleştiğiniz, zaman geçirdiğiniz, bilgi alıp verdiğiniz kişinin aurasıyla enerji yüklü iki kablonun birbirine bağlanması gibi temas kurar ve enerji akışı, bir alışveriş ve geçiş başlar.

Bu sistemden haberiniz yoksa ya da bu birleşim enerjisinin bu kadar önemli olduğunu kabul etmek istemeseniz bile, o kişinin, kendi fiziksel ve ruhsal enerji derecesinden habersiz de olsanız geçiş gerçekleşir. Hele de enerjinizi kontrol etmeyi biliyorsanız, güç kaybınız başlar.

Ruhsal anlamda değer kaybetmemek için herkesi olduğu gibi kabul etsek bile, onları da yaşamda gerekli görüp sevsek bile zaman geçirirken dikkat etmek gerek.

İlişkiye girme sıklığınız, o kişi ile geçen zaman, enerji alış verişi, size kattığı veya sizden aldığı, partnerinizin ya da arkadaşınızın aurası ile daha derin ve güçlü bağlantı kurmanız demektir. Bazı ilişkiler o nedenle yüzeysel kalmak zorundadır. O kişi ile ne kadar derinleşirseniz, o kişiden o kadar çok alırsınız. Bir kişi yüzünden hayatı çökmüş ya da bir kişi ile zirveye çıkmış milyonlarca insan geçti bu boyuttan...

Şimdi cinsel hayatı çok eşlilik üzerine kurulu kişinin, inançsız bir insanın, bir bağımlının, yararsız yaşayan birinin kendine ait aurasındaki karışıklığı, kirliliği ve zarar vericiliği kabul etmemelisiniz. İlişkilerde alma-verme dengesi önemlidir. Kurtarıcı olayım derken kurban olmayın.

Beraber olduğunuz herkesin ruhsal özelliklerini de auranızda taşımaya başlarsınız ve kendi yüksek benliğiniz dışındaki her şeye ve aslında herkese dönüşme riskiniz var. Buna dikkat edin. Olumsuz kişilerle beraberliğinizden sonra aldığınız tüm negatif enerjiler (duygu, düşünce, his, inanç) sizi dağıtır. Arınmadan başka bir ilişkiye veya iletişime niyet ettiğinizde de, olumsuz enerji sizi takip eder. Benzemek istemediğiniz kişiyle ilişkiye ve sık iletişime girmeyin.

"Doğru ve hayrıma olan ilişkiler sadece beni bulur."

BOLLUK FREKANSI

Bolluğu istiyor ama kendinizi o bolluğa layık göremiyorsanız: size gelmez.

İşe yaramayan her şeyi bırakın.

İçinizden gelmeyenleri bir kenara itin.

İstemek yerine "inanmak" denilen bir üst frekansa geçin.

Gereksiz biriktirmeyin, sürekli kötü gün tedbiri almayın.

Birşeyi satın alabilecek güçteyseniz çok fazla düşünmeden alın.

İnsanlara canı gönülden verin; o vermek sizdekini zaten artırır.

İşe yaramayan eşya ve düşünceleri sevgiyle gönderin.

Yüksek benliğimiz; vereceğimiz tüm mesajları birer gerçeklik olarak alır ve gerçekleştirirken bizim sınırlı zihnimizin farkında olamayacağı kadar yaratıcı yöntemlerle çalışır. Ona güvenin.

Borca değil bolluğa odaklanın, olmayana değil nimete odaklanın.

"Sevgili Yüksek Benliğim; seni, bereket ve bolluğu bana çekmen için şimdi programlıyorum. Bunun için gereken yaratıcılığa ve sınırsız güce sahibim. Para enerjisini; yaşamıma, kolaylıkla ve her an çekiyorum. Yaşamımda her şey, bana ve diğerlerine yetecek kadar bol ve gani. Yeryüzü; zenginliklerle doludur ve kaynaklar, herkes için yeterlidir. Öyle şanslıyım ki, bunu diğer herkesle de keyifle paylaşabiliyorum. Paylaştıkça, zenginleşiyorum, iyi hissediyorum. Tüm enerjimle, bolluğa ve mutluluğa odaklanıyorum."

KRİSTAL DİLEK MEDİTASYONU

Odada enerji alanını açmak için lavanta yağı tütsüsü yapmaya başlayın... Bu meditasyonda küçük ve yeni bir beyaz kuvars kristale ihtiyacınız var 1 gece Yeniay ışığında bekletilmiş olmalı... Kristali elinize alın ve zihinsel olarak kristalle irtibata geçin. Bütünün, herkesin, her şeyin hayrına niyetini ederek, gözlerinizi kapatın. Yavaşça zihninizin kristalin içine çekildiğini imgeleyin ve zihinsel olarak kristalin içine merkezine ulaşın, siz ordasınız. Kristalin derinliğine ulaştığınızda, nefesler alıp verin. Kendinizi yüzlerce kristalin bulunduğu bir odada olarak imgeleyin. Şimdi bu odanın tüm duvarlarına dileğinizi yazın. Elinizdeki kristal ile evrenin kutsal sırlarını barındıran odasına eriştiğinizi hissedin. Şimdi odanın tam ortasına kristallerin enerjisinin toplandığı bir küre imgeleyin. Yavaşça o küreye yaklaşıp pırıltılı ışık şeklinde parlayan kürenin içine girin ve tüm auranıza, vücudunuza doğru enerjinin aktığını ve kristalin enerjisini sizi güçlendirdiğini, dileğinize yaklaştırdığını hissedin. Şimdi bu kürede ışıkla yıkanırken, isteğinizi imgeleyin ve aynı şekilde detaylı bir şekilde sadece olumlu sonuca odaklanın. Siz bunu imgelerken dileğinizin küreye aktığını, onun içinde eridiğini hayal edin. Odadaki tüm kristallerin ışık yayarak parladığını ve etrafa daha da fazla ışık saçtığını imgeleyin. Şimdi, odanın saf kristal ışığıyla tamamen dolduğunu görün. Kalbinizden çıkaracağınız parlak beyaz ışığı siz de şimdi tüm bu kristal ışıklı odaya yayın. Elinizdeki kristale zihninizde geri dönün. Teşekkür ederek odadan dolayısıyla elinizde tuttuğunuz kristalden çıktığınızı imgeleyin. Dileğiniz olduğunda kristali arındırıp onu bir ağacın altına gömebilirsiniz. Eve ağacın olduğu yerden geri dönünce beyaz bir mum yakın. Sevgi ve ışıkla...

PSİŞİK GÜÇ ÇAYI

2 tutam Lavanta

2 tutam Yasemin

1 tutam Pelin otu

1 tarçın çubuğu

7 tutam yeşil çay

1 tutam Kediotu kökü

2 tutam Havlıcan kökü

1 damla Ylang Ylang

Tüm karışım 10 dakika demlenir.

Gece 12'ye kadar Dolunay ışığı altında bekler.

Geceyarısı tam 12'de içilir.

Mesajcı rüya uykuda takip edilir.

ZİHNİ SUSTURMAK

Her şeyden önce bilinmesi gereken ve ilk adım olarak büyük önem teşkil eden konu "zihni susturmak" kavramıdır. Durup dikkatle kendinizi dinleyin: zihninizden devamlı olark bir takım kelimeler, zihinsel sesler, olumsuzluklar, geçmişe dair anılar geçmektedir. Bu düşünürken, farkında olmadan yaptığımız birşeydir ama bizi bloke eder... Birisini dinlerken bile zihin kendisi kelimeler ve cümleler üretir, bazen de dinlediğimiz konuşmanın bazı sözlerini ve anlarını bize tekrarlar. Bazen şarkı sözleri veya müzikler geçer, bazen bize eskide olup etki etmediğini sandığımız diyaloglar... Bazı zamanlarda da birisi ile yapacağımız ya da yaptığımız bir konuşmayı bilerek veya bilmeyerek zihinsel olarak tekrarlarız kendimize. Bu durum zihnin kendi kendisi ile konuşmasıdır.

İşte "zihni susturmak" zihnin bu konuşmasını durdurmaktır ve bu gereklidir. Başta zorlansanız da zamanla konu oturur. Zihninizi susturmayı başardıktan sonra yapılan çalışmalarla dönüşümünüz başlar. İşte zihni boşaltmak veya hiçbir şey düşünmemekten kastedilen budur, bu hal sizi yukarı taşır ve dönüşümü başlatır. Zihin susturulur fakat durdurulmaz, her yakaladığınızda devreye girmeniz gerekir. Zihninizin konuşmasını durdurduğunuz zaman da zihin durmuş olmaz. Gözünüzün önünden bir sürü görüntü, imge de geçebilir. Çevrede olan biteni farkedebilir, sesleri duyabilirsiniz. Zihnizi susturmaya çalışıyorsanız ve gözünüzün önüne olmadık görüntüler geliyorsa, doğru yoldasınız demektir. Tut-yakala-iptal et-şifalandır tekniği ile yola devam edin. Bu görüntüler isterse resim şeklinde gözünüzün önüne gelen şeyler veya ses olsun, hiç farketmeksizin devam edin... Zaten amacımız bunları tamamen durdurmak da değildir. Bu görüntü fışkırmaları bilinçaltımızın temizlenmesidir. Akmalarına sizi bulmalarına önce izin verin, sonra şifalandırın. İçinizde kalmamalı, dışa akmalı. Ani ve çarpıcı olanları, bilinçaltınız ile ilgili sizin bile bilmediğiniz size aktaracak...

AYDINLAN

Tek bir yerde ol.

Bedenin ve ruhun iki ayrı yerde olmasın. Aklın başka yerde iken bedeninin orada olmamalı. Odaklan işbirliği yap.

Tek bir zamana odaklan "Şimdiye"

Hakikat şimdide yaşanmaktadır. Geçmiş ve gelecek aklının illüzyonudur. Tüm seçenek ve ihtimaller şimdi'nin içindedir.

Her şey geçicidir.

Zaman aktığı müddetçe her şey gelip geçer. Bu akışı kabul etmelisin. Direnme, şükret, kabul et. Olduğu gibi al geleni...

İhtiyacın olan her şey, doğuştan senin içinde.

Gerçek; kendine ve içe yönelmekten geçer. Kendi iç dünyanda ihtiyacın olan tüm cevapları bulacaksın. Dışarıda cevap aramak gücünü inkar etmendir.

Sen, sen olduğunda her şey bütün olur.

Senin gerçeğin açığa çıkınca: ego ve sen'in iki farklı enerji olduğunu da keşfetmiş olursun. Sen istersen ego'ndan ayrı olursun.

En değerli varlık sensin.

Başkalarının verdiği değerin bir önemi yok. Onay bekleme, onay sensin. Ruhuna yönel ve inan. Hayatındaki en değerli ruhsun...

Değiştirebilecek güce sahip ol.

Düşüncelerin sabit olmasın. Değişim yoksa gelişim de olmaz. Düşüncelerini ve fikirlerini yenile ve her zaman açık enerjide kal.

Duygularını Serbest Bırak.

Öfkeni ve kinini serbest bırak, senden uzaklaşsınlar. Onlar sana ait değil. Duygularını serbest bırakmanın tek yolu onlara sarılmaktan vazgeçmektir. Tutunma sabit kalma, değişime inan.

Kendinden başka hiç bir şeye sahip değilsin.

Sahip olduğunu sandığın şeyler sana ait değil. Her şey Allah'ın. Geçici olarak kullanırsın sadece... Onlar Dünya illizyonunun bir parçası. Sahiplenmek de korkudur...

SPİRİTÜEL MUCİZEYE YOL AÇ

BAŞKALARI İLE DEĞİL KENDİNLE MEŞGUL OL. HERKESİN YOLU BAŞKA.

Kendini değiştirmeye cesareti olmayan, başkasını değiştirmeye çabalar.

Ruhsal enerjinin amacı negatif düşüncelerden arınmaktır. Bunun için düşüncenin gücünü anlamak ve onu kabul etmek gerekir. Düşüncelerimiz bize gerçekliği verir. Nasıl düşündüğün kaderine etki eder.

Eğer düşüncelerinizin gücünü anlayabilseydiniz, hayatınız boyunca asla negatif düşünmezdiniz. Sahip olduğu düşünce gücünü keşfetmeyen kişiler, hayatın her alanında kıtlıkta kalır…

Önce engeli bul, gerisi için gereken güç zaten içinde. O engeli sen var ettin ve yok etmek şimdi yapman gereken.

Ruhsal enerji ve şifa için şimdiki zamana odaklanmak çok önemlidir. Ruhsal farkındalığın temeli şimdiki zamandır. Geçmiş seni bloke eder ve geleceği senin şifalanmış halin kuracak…

Zihin ve bedenin aynı anda arınmış olmasının tek yolu: Geçmişin yasını tutma, gelecek için endişelenme ve olabilecekler için endişeyi bırak. Şimdide şu anda yaşa.

Spritüel yolculuk her şeyin içindeki mucizeyi keşfetmek ile mümkün olur. Her şey yararlı ve yaşam dersi doludur, olumsuz bile olumludur. Bakış açısı bu yöne çekilmelidir.

Gerçeği bilmek ve gerçeği kabul etmek arasında büyük fark vardır. Kabule geçiş gerçekleşince akış değişir ve dönüşüm başlar…

İnsanlar sadece neye hazırsa onu görebilir. Kimseyi de peşinden sürükleme. Senin gibiler sana gelir. Gelmeyen senin hayat yolunda artık sana hizmet etmeyen…

Sen insanlık deneyimi yaşayan bir ruh'sun. Görevinin tamamı Dünya'da değil…

İYİ İNSAN

İyi insanın da başına evet kötü bir şey gelebilir çünkü kötü zaten kötüdür, onun ne olduğu bellidir, iyilik ise sınanmaya değerdir.

Merhametli, erdemli insanlar bazen dışlanırlar...

Bunun sebebi: kötünün iyiden anlamamasıdır.

Benzer enerjiler birbirini çeker, kötü iyi ile baş edemez. Frekansı bunu almaz, bu durumda evet iyiyi dışlayabilir.

Kulluk seviyen yükseldikçe, bazen imtihanın da büyür.

"Ben iyiyim bana dert neden geliyor" diyemezsin, isyan asla edemezsin.

Derdi veren belli olduğu için...

Dert seni Allah'a yaklaştırır. Dünya boyutu imtihan yeridir, o zaman imtihan gelince her şey doğru gidiyor demektir.

Tüm cevaplar zaten en çok canını yakan olayın içinde gizli, o olay olmasa sen "sen" olmazdın. Her sonuca Allah karar verir, bur durumda her sonuç güzeldir! Hayat bile geçici ise dert zaten geçicidir, geçici olana fazla anlam yükleme. Olgun ruh, iyi ruh dert karşısında tevekkül eder. O dert beni derinleştirdi der.

Geriye bakıp "Bu neden oldu" demeyeceksin, ilahi planda bunu da ben seçtim gerekmese olmazdı diyeceksin. Seni güçlendiren, düşündüren, sana öğreten, seni Allah'a yaklaştıran ve duaya yönelten o dert, artık senin için bir dert değildir...

YEŞİM TAŞI VE BOLLUK

Sabah ve akşam namazından sonra 1 Vakıa Suresi okunur.

Ardından 308 kere YA REZZAK esması çekilir.

19 adet pirinci ipek kumaşa dikip üzerine 137 adet YA VASİ esması okunur, para cüzdanına koyulur.

Bu dönemde, yeni satın alınmış bir Yeşim taşının da üzerine 51 adet SALAVATI İKSİRİ AZAM duası okunur. Bu 51 gece boyunca taş yastık altında durur uyurken...

51. gece sonrası, her gün bir süre sol avcunuzda tutun...

HAK VE HELAL AŞKLARA

Doğru ve değen bir ilişki için iyi niyetle deneyin...

Arınma ve yeniden başlama enerjisi için beyaz bir mum yakılır.

Yasemin tütsüsü yapılır: aşk ve sevgi enerjisi için...

İki kişinin resimleri yüz yüze getirilir, araya bir mıknatıs ve toz şeker koyulur.

Resimler ikisinin kesişme noktalarından bantlanır, kapatılır.

Dış dünyanın olumsuz enerjisini geride bırakması için resimler ipek kumaşa sarılır, çekmeceye konur.

7 gün boyunca, her gün 1000 adet YA VEDUD esması okunur.

HEDEFE DOĞRU

Bir zirve hedefledin ve oraya geldin.

Eğer buraya kendi çabanla gelmediysen, bilinçaltında gerçekten bu gelmiş olduğun noktaya inanmadıysan, bir başarı korkun varsa:

O noktadan tekrar geri düşersin geldiğin yere.

Ama gelmeden önce:

Düştüysen

Tekrar tekrar denediysen

Bedelini ödediysen

Kaybemenin de ne olduğunu öğrendiysen

Tüm acılarını zaten çektiysen...

İşte o zaman, o zirve tam olarak senindir!

Ve unutma... Zirveyi isteyenler rekabet etmezler, kendileri ile yarışırlar.

Güç onlarda olsun ve kalsın isterler.

Rekabet gücü böler, enerjiyi karşı tarafa geçirir.

Her şey seninle ilgili...

Ve bir gün biri "yapamazsın" derse o kendi limitini belirlemiş olur, seninkini değil. Eğer önünü kesmek isteyenler artarsa bil ki doğru yoldasın YAPAMAYACAĞINI DÜŞÜNSELER ÖNÜNÜ KESMEYE ZATEN HİÇ ÇALIŞMAZLAR.

Yürü.

ALLAH'A BIRAKMAK

Allah'ım benim için değerli olan bu konuyu, bugün ve bu gece, tüm zamanlara doğru tüm kalbimle ve dualarımla sadece Sana bırakıyorum. Sonuç, senin benim için hayırlı bulduğun olacak. Bunun huzuru ile güne devam ediyorum, bunun huzuru ile bu gece uyuyorum.

"Gerçek şu ki, iman edenler ve Rablerine tevekkül edenler üzerinde onun (şeytanın) hiçbir zorlayıcı-gücü yoktur. Onun zorlayıcı-gücü ancak onu veli edinenlerle, onunla O'na (Allah'a) ortak koşanlar üzerindedir." (Nahl Suresi, 99-100)

"Şu halde boş kaldığın zaman, durmaksızın (dua ve ibadetle) yorulmaya-devam et. Ve yalnızca Rabbine rağbet et." (İnşirah Suresi, 7-8)

"Eğer sana şeytandan yana bir kışkırtma (vesvese veya iğva) gelirse, hemen Allah'a sığın. Çünkü O, işitendir, bilendir. (Allah'tan) Sakınanlara şeytandan bir vesvese eriştiğinde (önce) iyice düşünürler (Allah'ı zikredip-anarlar), sonra hemen bakarsın ki görüp bilmişlerdir. (Şeytan'ın) Kardeşleri ise, onları sapıklığa sürüklerler, sonra peşlerini bırakmazlar." (Araf Suresi, 201-202)

"Allah, iman edenlerin velisi (dostu ve destekçisi)dir. Onları karanlıklardan nura çıkarır; inkar edenlerin velileri ise tağut'tur. Onları nurdan karanlıklara çıkarırlar. İşte onlar, ateşin halkıdırlar, onda süresiz kalacaklardır." (Bakara Suresi, 257)

De ki: Sabahın Rabbine sığınırım. Yarattığı şeylerin şerrinden, karanlığı çöktüğü zaman gecenin şerrinden, düğümlere üfüren-kadınların şerrinden... (Felak Suresi, 1-4)

HIZIR ALEYHİSSELAM'IN VİRDİ

Bismillahirrahmanirrahiym* La ilahe illellahül hayyül kayyum* La ilahe illellahül baki'd deymum * La ilahe illellahü vahdehu la şerike leh* La ilahe illellahül evvelül ahir* La ilahe illellahüz zahirul batın* La ilahe illellahül azizül cebbar* La ilahe illellahül hakimül ğaffar* La ilahe illellahüs semiy'ul basiyr* La ilahe illellahül latiyfül habir* La ilahe illellahül ğafuruş şekur* La ilahe illellahül vehhabül kadir*

La ilahe illellahül halimül alim* La ilahe illellahül cevadül kerim* La ilahe illellahül berrur rahiym* La ilahe illellahül azizül hakiym* La ilahe illellahül hafidur rafiu* La ilahe illellahül hafiyzul muğniy* La ilahe illellahül kerimül mu'tıy* La ilahe illellahül kaimüz zekiyy* La ilahe illellahül aliyyül behiyy* La ilahe illellahüş şehidür rakıyb* La ilahe illellahül karibül mucib* La ilahe illellahül fettahul aliym* La ilahe illellahül vekiylür razzak* La ilahe illellahül mütekebbirul halık* La ilahe illellahül evvelü min aded*

La ilahe illellahül bakıy bi ğayrı meded* La ilahe illellahül vedudül meciyd* La ilahe illellahül mübdiül müiyd* La ilahe illellahül fe'alü lima yürid* La ilahe illellahül melikül varis* La ilahe illellahül bakıl bais* La ilahe illellahül bariul musavvir* La ilahe illellahül latiyful müdebbir* La ilahe illellahüs seyyidüd deyyan* La ilahe illellahül hannanül mennan* La ilahe illellahü zül fadli vel ıhsan* La ilahe illellahül hadil kaviyy* La ilahe illellahü zül ahdil vefiyy* La ilahe illellahül hakkul mübin* La ilahe illellahüt tevvabül müiyn* La ilahe illellahül kebiru zül in'amı vel ıhsani vel celal* La ilahe illellahü zül kerami vel ifdal* La ilahe illellahül ferdüs samed* La ilahe illellahü leyse lehu sahibeten ve la veleda* La ilahe illellahül basitul bediy'u*

La ilahe illellahü zül hisabis seriy'ı* La ilahe illellahül vasiu zül ihsan* La ilahe illellahüs selamül mü'min* La ilahe illellahül kefiylül müheymin* La ilahe illallahül hakimül kerim* La ilahe illellahü rabbüs semavati vel erdı ve rabbül arşil azıym* Ve sallellahü ala seyyidina ve nebiyyina muhammedin ve alihi ve sahbihi ecmeıyn* Bi rahmetike ya erhamer rahımiyn*

Bu virde her gün devam etmek algınızı açar, mucizeleri çağırır, dilekleri gerçek yapar, huzur ve sezgi gücü verir, anlayışı artırır.

BASİRETİ AÇMAK

Cuma namazından önce, HER GÜN 302 kere " Yâ Basîr celle celâlühû " okuyanın basireti açılır Allah'ın izni ile…

HER İŞİN YOLUNA GİRMESİ İÇİN

Summes sebîle yesserah.

Abese Suresi'nin 20. Ayetidir.

Anlamı: ***"Sonra ona yolu kolaylaştırdı."*** işlerin açılması için, zor işlerin yolunda gitmesi için, ilişkilerin düzelmesi için, başarılı ve kısmetli olmak için her gün her an ard arda okunur.

GÜÇLÜ MANEVİYAT İÇİN

Salavatı Cevheretil Kemal

Bismillahirrahmanirrahiym* Allahümme salli ve sellim ala aynir rahmetir rabbaniyyeti vel yakutetil mütehakkikatil haitati bi merkezil fühumi vel meani ve nuril ekvanil mütekevvinetil ademiyyi sahibil hakkır rabbaniyyil berkıl estai bi müznil eryahıl malieti li külli mütearridın minel bühuri vel evani ve nurikel lamiıllezi mele'te bihi kevnekel haitı bi emkinetil mekani* Allahümme salli ve sellim ala aynil hakkılleti tetecella minha uruşül hakaikı aynil mearifil akvemi sıratıket tammil eskam* Allahümme salli ve sellim ala tal'atil hakki bil hakkıl kenzil a'zami ifadatike minke ileyke ihatatin nuril mutalsemi sallellahü aleyhi ve ala alihi ve salaten tüarrifüna biha iyyah.

HER GÜN 7 DEFA OKUNUR.

Ruhsal güç ve manevi derinlik verir, bilgelik sağlar, doğru karar almanızı sağlar…

TECDİD-İ İMAN TEVBE DUASI

Âmentü billahi ve bimâ câe min indillâh. Âmentü bi Resûlillâhi ve bimâ câe min indi Resûlillâh.

Âmentü billahi ve melâiketihî ve kütübihî ve Rusulihî velyevmilâhıri ve bilkaderi hayrıhi ve şerrihi minallâhi teâlâ velba'sü ba'del mevt, hakkun. Eşhedü ellâ ilahe illallah ve eşhedü enne Muhammeden abdühû ve Rasûlüh.

Allâhümme inni ürîdü en üceddidel-îmâne tecdîden bi kavli "Lâ ilahe illallah. Muhammedür'Resûlullâh" (Bu cümle üç kere tekrar edilir).

3.'de (Sâdıkul'vâ'dil emîn lâ havle ve lâ kuvvete illâ billâhil aliyyil'aziym) cümlesi ilâve edilir.

İmanımızı tazelemek istediğimiz vakit bu şekilde Tevbe-i istiğfâr getiririz.

Böylece hem günah ve hatalarımızdan dolayı tevbe etmiş, hem de nikâhımızı tâzelemiş (yenilemiş) oluruz.

"Sâdıkul'vâdil'emîn" cümlesiyle, bitirilince "Eûzü- Besmele" ile aşr-i şerîf okunur.

ŞÜKRETMEK İÇİN HER GÜN...

Her gün 360 defa (bedendeki damarların sayısınca): "El hamdu lillahi rabb'il- alemine (kesiren) ala kulli hal."

ŞEHİDELLAH AYETİ (ALİ-İMRAN/18)

"Şehidellahu ennehu la ilahe ille hüve ve'lmelaiketu ve ulu'l ilmi kâimen bil kısti, la ilahe illa huve'l aziz'ul hakiym."

Huzur ve manevi derinlik için her namaz sonrası okunur...

GEÇMİŞİ BIRAKMAK İÇİN

Subhane zil mülki vel melekût,

Subhane zil ızzeti vel ceberut,

Subhanel hayyillezî lâ yemût,

Sübbuhun, Kuddusün rabbune ve Rabbu'l-melaiketi ve'r-ruh

Her gün düzenli okuyarak arınmaya ve geçmişi bırakmaya niyet edilir…

EVLİLİK İÇİN OKUNACAK AYETLER

Nisa Suresi 34, 35, 128. Ayetler

Ali İmran Suresi 31. Ayet

Enfal Suresi 63. Ayet

Furkan Suresi 74. Ayet

Nur Suresi 32. Ayet

HADİD SURESİ

Hadid kelimesi "demir" anlamına gelir. En zor koşullarda dahi korunmak, karşı koyabilmek için, özel bir durumla savaşırken okunur.

1. Sebbeha lillahi ma fiyssemavati velardı ve huvel'aziyzulhakiymu.
2. Lehu mülküssemavati vel'ardı yuhyiy ve yumiytu ve huve 'ala kulli şey'in kadiyrun.
3. Huvel'evvelu vel'ahıru vezzahiru velbatınu ve huve bikulli şey'in 'aliymun.
4. Huvelleziy halekassemavati vel'arda fiy sitteti eyyamin summesteva 'alel'arşi ya'lemu ma yelicu fiylardi ve ma yahrucu minha ve ma yenzilu minessemai ve ma ya'rucu fiyha ve huve me'akum eyne ma küntüm vallahu bima ta'melune besıyrun.
5. Lehu mulkussemavati vel'ardı ve ilellahi turce'ul'umuru.
6. Yuliculleyle fiynnehari ve yulicunnehare fiylleyli ve huve 'aliymun bizatissuduri.
7. Aminu billahi ve resulihi ve enfiku mimma ce'alekum mustahlefiyne fiyhi felleziyne amenu minkum ve enfeku lehum ecrun kebiyrun.
8. Ve ma lekum la tü'minune billahi verresulu yed'ukum litu'minu birabbikum ve kad ehaze miysakakum in küntüm mu'miniyne.
9. Huvelleziy yunezzilu 'ala 'abdihi ayatin beyyinatin liyuhricekum minezzülumati ilennuri ve innallahe bikum lereufun rahıymun.
10. Ve ma lekum ella tunfiku fiy sebiylillahi ve lillahi miyrasussemavati vel'ardı la yesteviy minkum men enfeka min kablilfethi ve katele ulaike a'zamu dereceten minelleziyne enfeku min ba'du ve katelu ve küllen ve'adallahulhüsna vallahu bima ta'melune habiyrun.

11. Men zelleziy yukridullahe kardan hasenen feyuda'ıfehu lehu ve lehu ecrun keriymun.

12. Yevme teral mu'miniyne velmu'minati yes'a nuruhum beyne eydiyhim ve bieymanihim buşrakumulyevme cennatun tecriy min tahtihel'enharu halidiyne fiyha zalike huvelfevzul'azıymu.

13. Yevme yekulul munafikune velmunafikatu lilleziyne amenunzurna naktebis min nurikum kıylerci'u veraekum feltemisu nuren fedurribe beynehum bisurin lehu babun batınuhu fiyhirrahmetu ve zahiruhu min kıbclihil'azabu.

14. Yunadunehum elem nekun me'akum kalu bela ve lakinnekum fetentum enfusekum ve terabbastum vertebtum ve ğarretkumul'emaniyyu hatta cae emrullahi ve ğarrekum billahilğaruru.

15. Felyevme la yu'hazu minkum fidyetun ve la minelleziyne keferu me'vakumunnaru hiye mevlakum ve bi'selmesıyru.

16. Elem ye'ni lilleziyne amenu en tahşe'a kulubuhum lizikrillahi ve ma nezele minelhakkı vela yekunü kelleziyne utulkitabe min kablu fetale 'aleyhimul'emedu fekaset kulubuhum ve kesiyrun minhum fasikune.

17. İ'lemu ennallahe yuhyiyl'arda ba'de mevtiha kad beyyenna lekumul'ayati le'allekum ta'kılune.

18. İnnelmusaddikıyne velmusaddikati ve akredullahe kardan hasenen yuda'afu lehum ve lehum ecrun keriymun.

19. Velleziyne amenu billahi ve rusulihi ulaike humus sıddiykune veşşuhedau'ınde rabbihim lehum ecruhum ve nuruhum velleziyne keferu ve kezzebu biayatina ulaike ashabulcahıymi.

20. I'lemu ennemel hayatuddünya le'ıbun ve lehvun ve ziynetun ve tefahurun beynekum ve tekasurun fiyl'emvali vel'evladi kemeseli ğaysin a'cebelküffare nebatuhu summe yekunu hutamen ve fiyl'ahıreti 'azabun şediydun ve mağfiretun minallahi ve rıdvanun ve mel hayatuddünya illa meta'ulğururi.

21. Sabiku ila mağfiretin min rabbikum ve cennetin 'arduha ke'ardissemai vel'ardı u'ıddet lilleziyne amenu billahi ve rusulihi zalike fadlullahi yu'tiyhi men yeşa'u vallahu zulfadlil'azıymi.

22. Ma esabe min musıybetin fiyl'ardı ve la fiy enfusikum illa fiy kitabin min kabli en nebreeha inne zalike 'alellahi yesiyrun.

23. Likeyla te'sev 'ala ma fatekum ve la tefrahu bima atakum vallahu la yuhıbbu kulle muhtalin fehurin.

24. Elleziyne yebhalune ve ye'murunennase bilbuhli ve men yetevelle feinnallahe huvelğaniyyulhamiydu.

25. Lekad erselna rusulena bilbeyyinati ve enzelna me'ahumul kitabe velmiyzane liyekumennasu bilkısti ve enzelnel hadiyde fiyhi be'sun şediydun ve menafi'u linnasi ve liya'lemallahu men yensuruhu ve rusulehu bilğaybi innallahe kaviyyun 'aziyzun.

26. Ve lekad erselna nuhan ve ibrahiyme ve ce'alna fiy zurriyyetihimennubuvvete velkitabe feminhum muhtedin ve kesiyrun minhum fasikune.

27. Summe kaffeyna 'ala asarihim birusulina ve kaffeyna bi'ıysebni meryeme ve ateynahul'inciyle ve ce'alna fiy kulubilleziynettebe'uhu re'feten ve ramheten ve rehbaniyyetenibtede'uha ma ketebnaha 'aleyhim illebtiğae rıdvanillahi fema re'avha hakka ri'ayetiha feateynelleziyne amenu minhum ecrehum ve kesiyrun minhum fasikune.

28. Ya eyyuhelleziyne amenuttekullahe ve aminu biresulihi yu'tikum kifleyni min rahmetihi ve yec'al lekum nuren temşune bihi ve yağfir lekum vallahu ğafurun rahiymun.

29. Liella ya'leme ehlulkitabi ella yakdirune 'ala şey'in min fadlillahi ve ennelfadle biyedillahi yu'tiyhi men yeşa'u vallahu zulfadlil'azıymi.

KEDERİ GERİDE BIRAKMAK

Salavat-ı Tevessül

Bismillâhirrahmânirrahıym

Es'elükellâhümme fî mâ seeltüke ve etevesselü ileyke fî kabûlihî bi mükaddimetil vücûdil evveli ve rûhıl hayâtil efdali ve nûril ılmil ekmeli ve bisâtır rahmeti fil ezel* Ve semâil hulükıl ecellis sâbikı bir rûhi vel fadli vel hâtimi bis sûrati vel ba'si ven nûri bil hidâyeti vel beyân* Muhammedinil mustafâ ver resûlil müctebâ* Sallallâhü aleyhi ve alâ âlihî ve sahbihî ve selleme tesliymen kesîran kesîran ilâ yevmid dîni vel hamdü lillâhi rabbil âlemin.

BU KADAR ÇOK İSTEMEN ASLINDA OLACAĞINI BİLDİĞİN İÇİN...

Ruh bilir, bilinçaltı konuyu yönetir.

Bazen birşeyleri iptal ederiz, "olmaz" düşüncesi ego'nun bir sesi olarak gelir.

Onun gerçekleşmiş halinden bile korkarız, çekiniriz, iptal ederiz.

Ruh yapılmış olan anlaşmaları önceden bildiği için ve bilinçaltı sezgi yolu ile zaten hep bizimle mesajlaştığı için yola devam eder.

İçindeki ses sana her zaman ışık olur.

İlk düşündüğün doğru, içinden bir ses hala "devam" diyorsa bir bildiği vardır.

Kendini istediğin şeyle aynı frekansa getirebilirsen: o şey senindir.

Değersizliği bırak, o yolla olmadıysa başka yola geç.

Hiç yolu yoksa kendin bir yol yarat.

Unutma imtihanın da zaten en çok istediğin konunun içinden gelir.

Her istediğin hep istediğin zamanda gerçek olsa, yaşam yolunda bir şey öğrenemezsin.

Öğrenmeye geldin oysaki...

Şimdi elini kalbine koy, gücünü hatırla, dileğine sahip çık.

70 kere **"Yâ Allah, Yâ Rahman, Yâ Rahîm, Yâ Kavî, Yâ Kâdir" oku ve akışı takip et.**

TEKAMÜL

Huzursuz veya mutsuzsan ruhunun asıl ihtiyacı olanı keşfet.

Manevi anlamda toksan, her şey sana tam gelir.

Yolun duadan geçmeli...

Mutluluk içinde, onu her dışarda aradığında güç kaybı yaşarsın...

Çaresizce isteme çünkü sen Allah'tan istedin.

İsyan etmek, başlı başına blokaj koyar.

Sana artık enerji olarak hizmet etmeyeni bırak.

Allah'a derin bir ihtiyaç hissetmeli ve hep ilerlemek için adım atmalısın.

Allah var, umutsuzluk zaten yok.

Dua kapısı sana hep açık, şimdi yendien başlayabilirsin her şeye...

Allah sana bir şeyi nasip etmiyorsa seni çok sevdiği için.

Yaptığın hiçbir iyilik boşuna değil ve her iyilik dünyamızın frekansını yükseltiyor.

Dünya'ya ne hayrın var, bugün kimlere neler katacaksın, faydasız olanı bugün bırakacak mısın...

Ve o yola çıkarken kalbine Allah'ı koy.

Karşındakini sevme nedenin ikinizin de aynı öz'den gelmesi... Herkes birdir ve tektir.

En büyük intikam kötüleri zaten affetmektir. Bir dersi alabilmen için o kişiyi de senin ruhun davet etti. Unutma...

Hırsla iş yapma, sevgiyle yap.

Yükselişin belki de inişe geçtiğinde başlayacak, belki de bir derttir sana kapıyı açacak olan…

Aşırı dünya sevgisi ruhun derinleşmesini önler…

Allah kimseyi veya hiçbir şeyi de boş yere yaratmaz, senin yaşamın da boş yere geçemeyecek kadar değerlidir.

Her olay ve çöküş bir fırsattır, geleni al. Yaşam dersini bul, isyan etme.

Sonsuz güç Allah'tır; sen O'ndan istiyorsun.

Allah sana senden yakın, ne güçlüsün o vakit!

Melekler en üzgün anında seninle, onlar seni hiç bırakmadı.

Herkesin her şeyin içindeki iyiliği gör, mesajı bul.

Kötü olan bir şey yok: her şey yaşam dersi…

YAŞAM YOLU

Olan her şey hayrına.

Öyle olması gerekiyordu, gerekmese olmazdı.

Neden olmadığını bulursan, bu sefer gerçek olur.

Üzücü olaylar eğitmendir, onları biz seçtik.

Olmayanı her konuştuğunda, kıtlık enerjisine geçersin.

Şükret.

Önce inanman gerekir, sonra şiddetli istemeye bırak işi...

Seni kötü kod'layan herkes senin yaşamından gitmeye hazır artık.

Kendini seversen herkesi daha çok sevebileceksin.

Net ol.

Sonuca odaklan, soruna değil.

Olmuş gibi yaşa, zamanlara takılma...

Dönüştürücü güç sensin, gücü başkalarında arama.

Cevaplar sende, ta derinde.

Geçmişte kalmak, benzer olayları davet eder.

Kaynakla bir ol, enerjine güven, frekansı yükselt.

Hiçbir enerji çalışması boşa değil, mesaj alındı ve sen en ilahi zamanda cevabı alacaksın.

Blokaj yaşıyorsan, bunun ilk oluştuğu an'a git.

Geri dön ve neden bunun yaşandığını bul.

Kendine inan, herkesten onay bekleme.

En çok güveneceğin Allah seninle, Meleklerse yolunu aydınlatıyor...

İNSAN OLARAK GELDİN BURAYA AMA HER ŞEYDEN ÖNCE VE ÖTE BİR "RUHSUN"

1. Bu boyutu daha az yaşa, ait olduğun yer başka...
2. Herkesle bir olduğunu unutma, kimse "başkası" değil. Birlik içindeyiz.
3. Ego'yu terk et, sevgide kal.
4. Herkesi ve herşeyi koşulsuzca severek yol al.
5. Yüzeysel amaçları terk et, sen yaşam amacını seç.
6. Kin tutmaz, kıskançlık gibi alt enerjileri çağırma.
7. Verdikçe mutlu olduğunda dönüşüm kapın açılır.
8. Kötülüğün de bir misyon olduğunu bil, onlar iyiliğin değerini artırıyor.
9. Bir ortama girdiğin anda negatif enerjiyi hissetmeye başlayacaksın artık...
10. Benzer enerjileri çektiği için iyilik yaşamında daha çok yer almaya başlayacak...
11. Hayır ve şer Allah'tan geldiği için, her gelenin içindeki güzeli keşfet.
12. Hayırlısını iste, "Asla olmayan her şey hayrımaydı" de.
13. Bu boyuta sınanma için geldiğimizi bil, gereği kadar ciddiye al her şeyi.
14. Hırs ve korkulardan arın, seni aşağı çeken her şeyi bırak.
15. İstemenin yeterli olduğunu bil, fazla çaba gerekmez asla...
16. Farkındalığı artır, sevgiyi büyüt.
17. Şifa için çalış, enerjini her yere yay.
18. Affet, affetmeyi anlat ve öğret.
19. Başka boyutların varlığını bil, konulara yukarıdan bak.

ARINMA VE KORUNMA

Bismillahirrahmanirrahim.

Kul yâ eyyühelkâfirûn. Lâ abüdü mâ tabüdûn. Ve lâ entüm âbidûne mâ abüd. Ve lâ ene âbidün mâ abedtüm. Ve lâ entüm âbidûne mâ abüd. Leküm dînüküm veliye dîn.

Kafirun Suresi Anlamı

Rahman ve Rahim Olan Allah'ın Adı ile

De ki: Ey kâfirler, Sizin taptıklarınıza ben tapmam. Siz de benim taptığıma tapıcılar değilsiniz. Ben asla sizin taptıklarınıza tapacak değilim. Siz de benim taptığıma tapacak değilsiniz. Sizin dininiz size, benim dinim banadır.

Her gün 200 defa okumaya devam eden kimsenin imanı kuvvetlenir, derdi geride kalır, olumsuz enerjilerden arınır. Nazar ve blokaj için her gün düzenli olarak okunur...

SELAMETE ÇIKMAK

İnşirah Suresi:

Bismillahirrahmanirrahim.

"Elem neşrah leke sadrak. Ve veda'na anke vizrak ellezi enkada zahrak. Ve refa'na leke zikrak. Feinne mea'l-usri yüsra. İnne mea'l-usri yüsra. Feiza ferağte fe'nsab ve ila Rabbike ferğab."

Anlamı:

"Biz senin için (mutluluğu) göğsünü açmadık mı? Senden yükünü indirmedik mi? O senin sırtını ezen yükü. Senin şanını yüceltmedik mi? Demek ki zorlukla beraber bir kolaylık vardır. Evet, zorlukla beraber bir kolaylık vardır. O halde boş kaldın mı yine kalk (başka bir iş ve ibadetle) yorul. Ancak Rabbine yönel"

Her gün 70 defa okunur, ferahlama ve selamete çıkmada yardımcı olur. Maddi veya manevi her derdin karşısında, okuyana güç verir.

SABRETMEK VE DİRENEBİLMEK İÇİN

Asr Suresi

Bismillahirrahmânirrahîm. Vel asr. İnnel insane le fi husr. İllellezine amenu ve amilus salihati ve tevasav bil hakki ve tevasav bis sabr.

Asr Suresi Türkçe Meali

"Rahman ve Rahim olan Allah'ın adıyla.

And olsun zamana ki, insan gerçekten ziyan içindedir. Ancak, iman edip de sâlih ameller işleyenler, birbirlerine hakkı tavsiye edenler, birbirlerine sabrı tavsiye edenler başka (Onlar ziyanda değillerdir)."

Her gün 70 defa okuyarak dertlere karşı durulur.

Asr Suresini her gün 70 defa okuyarak stres ve gerilimi aşarsınız.

Hastaya Asr Suresi okunursa, o hasta şifaya kavuşur.

Her sorun için, suya 41 defa okunur. Suyun "oluşturma, gücü artırma" enerjisi eşliğinde içilir.

SEVGİ VE DİNGİNLİK İÇİN

Duha Suresi ve Sırları

BİSMİLLAHİRRAHMANİRRAHİM

Ved duha. Vel leyli iza seca. Ma veddeake rabbüke ve ma kale. Velel ahiratü hayrun leke minel üla. Ve le sevfe yu'tıyke rabbüke fe terda. E lem yecidke yetiymen fe ava. Ve vecedeke dallen fe heda. Ve vecedeke ailen fe eğna. Fe emmel yetiyme fela takhar. Ve emmes saile fe la tenher. Ve emma bi ni'meti rabbike fe haddis

- 7 kere okuyan kaybettiğini bulur, yaşamı onarılmaya başlar
- Düzenli okuyan huzur bulur.
- Kaybolan insan veya eşyayı bulmak için tesirlidir.
- Her gün 40 kere okunur Allah'tan bolluk dilenir.
- Sevgi kazanmak için okunursa etki eder.

Hadis: "Her kim bu sureyi geceleyin okursa, yetmis bin melaike o kimse için sabaha kadar istiğfar eder, affını Allah'a taleb eder."

Her cuma gecesi düzenli okunur…

Okunuşu:

Bismillahirrahmânirrahîm.

1- Vedduha

2- Velleyli iza seca

3- Ma vedde'ake rabbüke ve ma kale

4- Ve lel'ahiretü hayrün leke minel'ula

5- Ve lesevfe yu'tiyke rabbüke feterda

6- Elem yecidke yetiymen feava

7- Ve vecedeke dallen feheda

8- Ve vecedeke 'ailen fe eğna

9- Fe emmel yetiyme fela takhar

10- Ve emmessaile fela tenher

11- Ve emma binı'meti rabbike fehaddis

Anlamı:

Rahmân ve Rahîm olan Allah'ın ismiyle.

1- Andolsun kuşluk vaktine

2- ve dindiği zaman o geceye ki,

3- Rabbin sana veda etmedi ve darılmadı!

4- Ve kesinlikle senin için sonu önünden (ahiret dünyadan) daha hayırlıdır.

5- ileride Rabbin sana verecek de hoşnut olacaksın!

6- O, seni bir yetim iken barındırmadı mı?

7- Seni, yol bilmez iken (doğru) yola koymadı mı?

8- Seni bir yoksul iken zengin etmedi mi?

9- Öyle ise, sakın yetime kahretme (onu horlama)!

10- El açıp isteyeni de azarlama!

11- Fakat Rabbinin nimetini anlat da anlat!

KORKULARI AŞMAK

LEYL SURESİ

- 180 defa okuyan borçtan kurtulur.
- Hastaya 3 kere okunursa Allah'u Teala'nın yardımıyla şifa bulur.
- Düzenli okunursa korkma hali geçer.

Bismillahirrahmanirrahim

1. Velleyli iza yağşa.
2. Vennehari iza tecella.
3. Ve ma halekazzekere vel'ünsa.
4. İnne sa'yeküm leşetta.
5. Feemma men a'ta vetteka.
6. Ve saddeka bilhüsna.
7. Fesenüyessirühu lilyüsra.
8. Ve emma men bahıle vestağna.
9. Ve kezzebe bilhüsna.
10. Fesenüyessirühu lil'usra.
11. Ve ma yuğniy 'anhü malühu iza teredda.
12. İnne 'aleyna lelhüda.
13. Ve inne lena lel'ahırete vel'ula.
14. Feenzertüküm naren telezza.
15. La yaslaha illel'eşka
16. Elleziy kezzebe ve tevella.
17. Ve seyücennebühel'etka.
18. Elleziy yü'tiy malehu yetezekka.
19. Ve ma liehadin 'ındehu min ni'metin tücza.
20. İllebtiğae vechi rabbihil a'la.
21. Ve lesevfe yerda.

KIRK ANAHTAR DUASI

Kısmet açar, her kötülükten korur, negatif enerjiden arındırır.

1-Bismillâhirrahmânirrahîm İnnâ fetahnâ leke fethan mubînâ (2 defa) (Fetih Suresi 1)

2-Selâmun aleykum tıbtum fedhulûhâ hâlidîn. (Zümer Suresi 73)

3-Lekad câekum resûlun min enfusikum azîzun, aleyhi mâ anittum harîsun aleykum bil mu'minîne raûfun rahîm. (Tebve Suresi 128)

4-Rabbenâ mâ halakte hâzâ bâtılâ, subhâneke fekınâ azâben nâr. (Ali İmran 191)

5-Ve tilke huccetunâ âteynâhâ ibrâhîme alâ kavmihî, nerfeu deracâtin men neşâu, inne rabbeke hakîmun alîm (En'am 83)

6-Ve kul câel hakku ve zehekal bâtıl (bâtılu), innel bâtıle kâne zehûkân. (İsra 81)

7-Ve nunezzilu minel kur'âni mâ huve şifâun ve rahmetun lil mu'minîne ve lâ yezîduz zâlimîne illâ hasârâ (İsra 82)

8-Kulnâ yâ nâru kûnî berden ve selâmen alâ ibrâhîm (Enbiya 69)

9-Ve erâdû bihî keyden (Enbiya 70)

10-Fe cealnâ humul ahserîn (Enbiya70)

11-Ve zennûni iz zehebe muğâdiben fe zanne en len nakdire aleyhi fe nâdâ fiz zulumâti en lâ ilâhe illâ ente sübhâneke innî küntü minez zâlimîn (Enbiya 87)

12-Ve lâ tümsikû bi isamil kevâfiri (Mümtehine 10)

13- Ve ulkıyes seharatu sâcidîn (Araf 120)

14-Ve minen nâsi men yettehızu min dûnillâhi endâden yuhıbbûnehum ke hubbillâh (hubbillâhi), vellezîne âmenû eşeddu hubben lillâh. (Bakara 165)

15-Beyne ademe ve havva ve beyne yusuf ve züleyha ve fatımatuz zehra ve aliyyul murteda

16-Ve bi hakkı muhammed mustafa sallallahu aleyhi ve alihi

17-Ve bihakkı cebrail ve mikail ve israfil ve azrail ya hannan ya mennan ya deyyan ya burhan ya rıdvan ya sultan ya ğufran

18-Bismillâhirrahmânirrahîm (21 defa)

19-İzâ câe nasrullâhi vel feth (Nasr 1)

20-Ve reayten nâse yedhulûne fî dînillâhi efvâcâ (Nasr 2)

21-Fe sebbih bi hamdi rabbike vestagfirh, innehu kâne tevvâbâ (Nasr 3)

22-Nasrun minallâhi ve fethun karîbun, ve beşşiril mû'minîn (Saff Suresi 13)

23-Yâ eyyûhellezîne âmenû

24-Kul huvallâhu ehad Allâhus samed lem yelid ve lem yûled ve lem yekun lehu kufüven ehad (ihlas Suresi)

25-Leyse ke mislihî şey'un, ve huves semîul basîr (Şura 11)

26-Kul eûzu bi rabbil felak Min şerri mâ halak ve min şerri ğâsikın izâ vekab (Felak 1-3)

27-Kul eûzu bi rabbin nâs (Nas 1)

28-Kul kefâ billâhi şehîden beynî ve beynekum (Rad 43)

29-Ve kul câel hakku ve zehekal bâtıl (bâtılu), innel bâtıle kâne zehûkân. (İsra 81)

30-Kul yecmeu beynenâ rabbunâ (Sebe 26)

31-Summe yeftehu beynenâ bil hakk (hakkı), ve huvel fettâhul alîm. (Sebe 26)

32-Kul eraeytum in ehlekeniyallâhu ve men maiye ev rahimenâ fe men yucîrul kâfirîne min azâbin elîm (Mülk Suresi 28)

33-Kul eraeytum in asbaha mâuküm ğavren fe men ye'tîkum bi maîn maîn (Mülk suresi 30)

34-Kulnâ yâ nâru kûnî berden ve selâmen alâ ibrâhîm (Enbiya 69)

35-Kul yâ eyyuhel kâfirûn. Lâ a'budu mâ ta'budûn. Kul kûnû kıradeten ħâsi-în (Kafirun 1-2 ve Araf 166)

36-Kul sîrû fîl ardi (En'am 11)

37-Summenzurû keyfe kâne âkıbetül mukezzibîn (En'am 11)

38-Kul men yekleüküm bil leyli ven nehâr (Enbiya 42)

39-Kul hel nunebbiuküm bil ahserîne a'mâlâ (Kehf 103)

40-Kul innemâ ene beşerun mislukum yûhâ ileyye ennemâ ilâhukum ilâhun vâhidun.

Ve selâmun alel murselîn Vel hamdu lillâhi rabbil âlemîn. (Kehf 110 ve Saffat 181-182 ayetler)

ve bihi nesteıynu salavat (ve salavat getiriyoruz):

'Vesselamu ala seyyidina ve nebiyyina ebul kasım el Muhammed Allahumme salli ala muhammed ve ali muhammed vet tahirin Ya Allahu Ya Allahu Ya Allahu Ya Allahu Ya Allahu Ya Allahu Ya Allahu Ya Şakiykefa Ya Kahiru.'

YAŞAM ENERJİNİZİ ARTIR

Yaşamınızı tamamen değiştirecek bir frekansa geçebilirsiniz... Yaşam enerjini artır, hislerini takip et, rehber hayvanlara yaşamında mesajları için izin ver, inancını artır, negatif düşüncelerden sıyrılmanızı sağlayan her gelişmeye fırsat sun, inandıkların işe yaramıyorsa bırak, değiştirmenize yardımcı olacak ve daima mutlu kalmanız için tariflerde bulunan yöntemleri dene.

Güçlü olduğunuzu, yeteneklerinizi, başarılarınızı keşfetmenizi sağlayan bir yeni yolu yaşamında aç. Arzularınızı, istekleriniz, hayallerinizi gerçekleşmenize yardımcı olacak iç güç zaten içimizde ve hiç bir şeyin imkansız olmadığını gösterecek ilahi plan bizim için çalışıyor. Size inanması gereken ilk ve tek kişi aslında yine sizsiniz. Dışarıdan onay beklemekse güç kaybı olacaktır... Eskiye bağımlılığınızı, katı ve değişimden korkan kurallarınızı ve mutluluğunuzu engelleyen olayları, kavramları farkına varın. Değiştirmenize yardımcı olacak ana kumanda "bilinçaltı" komutu alınca gerisi gelir. İçinizde var olan kimliğinizi dışarı çıkarmanız için size doğru yolu gösterecek enerji hali hazırda sizin komutunuzu bekliyor. İlk etabı biraz zor gelir, 21 günde ise tüm değişim enerjisine alışırsınız...

Özle ve kaynakla bir olarak, enerjiyi ana merkezinde keşfederek değişebilirsiniz, dönüşebilirsiniz...

Yaratıcı imgelemeyi yaşamına kat.
İyileşmenin gücüne inan.
Geçmişe anlam yükleme.
Onay sensin.
Niyet et ve bir adım at.
İçinde bir sen daha var, saf sevgiden oluşan: keşfet.
Direnme, akışa bırak kendini.
Nasıllarla çok vakit kaybetme, ilahi plan yolu bilir. Yola çık.
Frekansı yay.
Verdiğin her şey seninle, sana dönüyor.

KARARLARIMIZIN VE DAVRANIŞLARIMIZIN, % 90'DAN FAZLASINI BİLİNÇALTI YÖNLENDİRİYOR.

Bunu biliyoruz ama günlük yaşamda bu gerçeği önemsemeyerek hareket ediyoruz...

Bilinçli **zihin** yani beynimiz saniyede 5 ila 9 adet kadar veri alabilirken "**Bilinçaltı**" zihin saniyede 3 milyon veri alabilir.

Tekrarlanan davranışların kaydı tutulur. Kader sandığın ve sana acı veren bazı durumlar yaşamında değiştirilebilir konulardır yani...

Kayıtlar biz anne karnındayken başlar...

Duygusal, işitsel, görsel birçok kayıt yapılır yaşam yolculuğunda...

İlk kayıtlar "hoşumuza gitsin gitmesin ana-baba davranış ve tepkileri ile ilgili".

Bilinçaltı, 0-6 yaş aralığında edindiği tüm deneyimleri ayırt etmeksizin kaydeder. İyi mi kötü diye bakmaz, kaydeder.

Çekirdek kök inançlarda "değersizlik, korku, acı çekmek, az ile yetinme vb." inançlar mevcutsa, bilinçaltı bunları yürürlüğe koyar. Gerçek ve doğru kılmak için çalışır...

Hayatın amacı bu kayıtları bulmak, dönüştürmektir. Ana kader planına inanıyor olmalıyız ama kader olmayan ve değişmesi gerekenleri de keşfetmeliyiz.

GEÇMİŞ VE ESKİ İNAÇLARIN SENİ KISITLAMASINA İZİN VERME

Derindeki inançlarımızla yüzleşmek bize iyi gelecek çünkü sırlar da cevaplar da aslında orada…

Karşılaştığımızda veya onlarla yüzleşme zamanımız geldiğinde, dönüşüm başlar.

Duygusal anlamda reaksiyon göstererek, dibe vurduğumuzu hissedebildiğimizde artık dönüşüm için hem bir sinyal hem de bir fırsat sunulmuş olur. En derindeki inançların keşfi ile yola çıkılmalı…

- o Yaratıcı güç ile olan bağlantının kopması sizi geriye atar.
- o Sevgiyi kaybetme tüm kapıları kapatır.
- o "Hiçbir şey iyi olmayacak" hissi artıyorsa, dönüşüm zamanı çoktan gelmiştir.
  Direk olarak yaratıcı iç gücüne başvur, evrenden alınan enerji yüklemesi ile desteklen. En derindeki inançları değiştirilerek kişi yine sensin. Kendini tanı, tanıyormuş gibi yapma!
- o Eksik olan yeteneklerinin farkına var.
- o Nasıl değerli olunabileceğini keşfet, değersiz hissettireni bırak.
- o Nasıl güvende ve sevgide kalınacağını bul.
- o Endişelerin nasıl yok edileceğini, bunun aslında çok da kolay olduğunu anla.
- o Sen tüm korku ve blokajlarından zaten büyüksün!
- o Geçmiş travmaların etkisi ile inançların kısıtlama. Geçmiş geleceğin de olmak zorunda değil.
- o İnanç ve geçmiş travmaları serbest bırakmanın nasıl hissettireceğinin önceden provasını yap.
- o Yaratıcı imgeleme senin mucizen.

Farkına var, arın, inan, dönüş!

DEĞİŞİM NİYETİ

BİLİNÇALTINDA bulunan olumsuz programları tespit et, olumlu olanları yerine koy.

Sana öğretilmiş olanlar senin kaderin olmak zorunda değil.

Değişime kesin olarak niyet ettiysen, seni kimse durduramaz. Vazgeçtiysen hazır olmadığın için.

Genetik yolla sana aktarılmış olan ve geçiş yapmış olan "atalardan kalan" enerji seni yönetiyor olabilir. Bunu içinde olumsuz etkiler de vardır, bunları bul-keşfet-dönüştür.

Zor'a inanırsan evet zor olur. "Kolay!" diye düşünenler içinse evet her şey kolay kalacak…

Bir inanç kesin olarak değiştiyse bir daha sana uğramaz.

Yaşamış olduğun her olayı, sen seçmiştin ve onaylamıştın.

Kendi varlığını, gücünü, enerjini tanı ve SEV.

Yakınırsan yakındığın şey büyür. Sen artık değişiyorsun. Geride kaldı…

NEDEN ÖYLE OLDU...

Sendeki "değersizlik" hissinin davet etmiş oldukları elbette ki sen "dönüşünce" seni terk edecek. Hatta etti!

Benzer enerjiler birbirini çeker, sana geldiyse: sende olan bir şey onda da vardı.

Titreşim (rezonans) yasasına göre evrendeki canlı-cansız tüm varlıklar, kendilerine özgü titreşime, frekansa sahip. Herşey bununla açıklanıyor...

Frekans alanımız geçmişten bugüne kadar biriktirdiğimiz duygu, düşünce ve tecrübelerimizden oluşur. Geçmiş tüm sırları barındırır, dönüşüm için o nedenle geriye bakılır.

Frekans alanımızda neler biriktirdiysek ona uygun deneyimleri hayatımıza çekiyoruz: bunlar değiştirilebilir.

Bilinçaltımızda hak ettiğimize inandığımız ve onayladığımız şeyleri yaşıyoruz.

Bilinçaltına biz hisleri tanıtıyoruz ve farkında olmadan artık o hislerin titreşimini de yaymaya başlıyoruz, bunları keşfedip kontrol altında tutaraksa tüm yaşam dönüştürülebilir.

Olumlu bir hissi "onaylamak", onun için "ve öyle de oldu" demek, konuyu olumlama ve imgeleme ile desteklemek, bunlara düzenli devam etmek mucizelere kapıyı açar. Bunun öncesinde arınmış da olursak, değişim isteğimiz tamsa, inanıyorsak, tüm yaşam dersleri alındıysa yeni bir hayat mümkün.

KENDİ HAYATININ KAHRAMANI OL.

Kendini sev.

Mükemmel olmaya çalışma, kendinsen bu senin en özel halin zaten!

Onay bekleme, iç sesini daha çok dinle.

El uzattığın kişileri artır.

Almayı seç; alma-verme dengeni de koru.

Ne yaşamış olursan ol; fırsata çevir!

Düşüş diye bir şey yok, onlar hep ödüldü.

Seni olumsuz kod'layan herkese HAYIR de!

Boşa zaman harcama, kaliteli zaman geçir.

Her gün mutlaka gurur duyacağın küçük bir hikayen olsun (ya da büyük…)

Koşulsuz sev kendini.

Mutlulukları herhangi bir koşula bağlama.

Kötü koşullarla dalga geç.

İlham al, ilham ver.

Birilerine ışık ol.

Yaşam amacının peşinden git, seni kimse durduramaz EMİNSEN.

SANA İYİ GELENİ BIRAKMA.

Bir'lik içinde enerjini kullan.

Sevgini ver, arkasını takip etme…

Kendini önemse: evet, sen kendi yaşamının kahramanısın…

ALTIN MAKAS RİTÜELİ

Beyaz bir kağıdın tam ortasına umudun rengi olan mavi renk bir kalemle bir çizgi çekin.

Alt taraf olumsuzları temsil edecek.

Kağıdın üst tarafı ise olumluları temsil edecek.

Neleri geride bırakmak istiyorsanız alt tarafa bunları yazın.

Üst tarafa da dilek, beklenti ve amaçlarınızı yazın.

Pozitifleri yazarken "oldu" enerjisini kullanın "Sınavı geçtim, paramı aldım, evlendim, iyileştim..." gibi cümleler yazın.

Hazır olunca, kağıdı o mavi çizgi yerinden, üzerinden kesin.

(Kesimde kullanılacak makasa kalbinizden çıkaracağınız yeni başlangıçları simgeleyen "gümüş rengi" ışığı gönderin)

1 gece bekleyin, odaklanın, isteyin, inanın, enerjinizi konu üzerinde yoğunlaştırın.

Sabah olumsuz tarafı denize atın (göl, baraj, nehir, dere...)

Olumlu tarafı çok sevdiğiniz bir kitabın, çok sevdiğiniz bir sayfasına kaldırın.

İşlem bitince yeni başlangıçlar ve cesaret için FETİH SURESİ okuyun.

GELECEK NESİLLER RİTÜELİ

Çok eski bir ağaç bulun.

7 gün boyunca her gün bu ağaca sarılın, onun bilgelik enerjisini alın.

O bilgede zaman geçirin.

Ağaçla konuşun, ritüele hazır hale gelin…

8. gün, beyaz bir kağıda kurşun kalemle bir daire çizin.

Dairenin içine gelecek nesillere neleri aktarmak veya sormak istiyorsanız bunları yazın.

Kurşun olması burada "doğayı" temsil ediyor.

Daire ise sınırsız ve sonsuz olmayı…

Kağıdı bir gece yastık altında uyurken bekletin.

Ertesi gün kağıdı o ağacın dibine gömün.

Eve geldikten sonra dingin ve sessiz kalın.

Yüzeysel veya materyalist konularla meşgul olmayın.

Gece uyurken 4 başmeleğin adını söyleyin MİKAİL, CEBRAİL, İSRAFİL, AZRAİL…

MESAJCI bir rüya görürseniz bunu rüya günlüğünüze not alın.

Mesaj ve iletinizi yüzyıllar sonrasına ulaşacak (ulaşmış) olarak kod'layın.

YENİ BİR SEN

Aydınlanmak değişimi kabul etmektir.

Gerçekten niyet edince kapılar kendi açılır.

Çok çaba göstermek olacağına inanmamış olmaktır, inanan akışta kalır…

Geçmişte kalmak korkudur.

Saf sevgi ile işbirliği yapınca "sonsuz" olursun…

Sınırların içine girme.

Bir "hiç" ol, hiçlik kısıtlayıcı değildir.

Hiç olarak yeniden başlayabilirsin, ilk büyük ve yeni adımı atabilirsin.

Dönüşümün başladığında "bilgece" olmayan her şey senden ayrılacak…

Tam olarak Allah'ın senden istediği gibi oldun mu…

Manevi olarak doyduğunda ve tamamlandığında, başka bir şeyi aramazsın.

Bugün ne öğrendin?.. Kendini tekrar etme ve aynı yerde kalma.

Maddede kaybolma, derinliğe sahip çık.

Herkesi, her şeyi koşulsuz ve tam bir şekilde hala sevemiyorsan "kendinle bir sorunun var" demektir. Bunu bul…

İstediğin şeyi önce "hisset". Kendini sevince tamamlanırsın.

Senin için sen gerçekten istemedikçe, kimse bir şey yapamaz. Ama sen hazırsan tüm destek, yardım, etki ve enerji sana doğru çekilir. Sınır koyma, masum yanını koru, onayla.

İstediğin her şeyi evet yaşamında tezahür ettirebilirsin.

Herkes aynı öz'den gelir. O zaman şartlar zaten eşittir ASLINDA. Mukayese yapma, içindeki güce sahip çık.

En büyük amacın yine kendin olman.

Üstatça düşün, bilgece etki bırak.

Düşüncelerini dinle. Hislerine güven.

TEFEKKÜR

Tefekkür, "düşünme, düşünce" anlamını taşır.

Tefekkür, dinimizde önemlidir. Tefekkür, günahlarını, mahlukları ve kendini düşünerek Allah-ü Teâlâ'nın yarattığı her şeyden ibret almaktır.

"Çevir gözünü, bir çatlak (kusur) görebilir misin? Sonra, bir daha, bir daha çevir. Sonunda göz, yorgun argın sana geri dönecektir."*(Mülk, 67/3-4)*

"Şüphesiz, göklerin ve yerin yaratılışında, gece gündüzün peş peşe gelişinde, akıl sahipleri için ayetler (deliller, ibretler) vardır. Onlar, ayakta iken, otururken ve yanlarına uzandıklarında Allah'ı anarlar ve göklerin ve yerin yaratılışını düşünürler. *'Ya Rabbena, Sen bunları boşuna yaratmadın, Seni tenzih ederiz. Bizi cehennem azabından koru'* (derler)." *(Âl-i İmran, 3/190-191)*

İç dünyana kapanarak tefekküre geçersin.

Her yere bakarak ilahi kudreti görebilmektir.

İç dünyaya, derinlere dalarak gönül ile görmeye başlamaktır.

Cevaplar aramak, teslim olmaktır.

Kişinin ayrıca, kendi ölümünü ve son nefesindeki halini hayal ederek canlandırmasına da "tefekkür-ü mevt" denir.

Tefekkür, hakikat için yola çıkmaktır.

Adeta sessiz bir zikir gibidir tefekkür...

Nurlanmaktır tefekkür, o yola çıkıldığında kişi artık aynı kişi olmayacaktır.

DİLEK DUASI

41 defa okunur.

“Bismillahirrahmanirrahim.

Ve kefabillahi veliyyan ve kefabillahi nasiran ve kefabillahi vekilan

Ve kefabillahi basiran ve kefabillahi bizünubi ıbadihi habiran basiran

Ve kefellahül mü’mininel kıtale ve kanellahü kaviyyan aziza”

Duada geçen ayetler.

Ve kefâ billâhi veliyyen ve kefâ billâhi nasîrâ (nasîran). (Nisa Suresi 25. âyet) (Ve dost olarak Allah kâfidir. Ve yardımcı olarak Allah kâfidir)

Ve kefâ billâhi vekîlâ (vekîlen). (Ahzab Suresi 48. Ayet) (Vekil olarak Allah yeter.)

Ve kefâ bihî bi zunûbi ibâdihî habîrâ (habîren) . (Furkan 58. Âyet) (Kullarının günahlarından hakkıyla haberdar olarak O yeter!)

Ve kefallâhul mu’minînel kıtâl, ve kânallâhu kaviyyen azîzâ (azîzen). (Ahzab Suresi 25 âyet) (Allah, savaşta mü’minlere kâfi geldi. Allah, kuvvetlidir, mutlak güç sahibidir.)

41 YASİN MUCİZESİ

"Yasin okunduğu şey içindir" diye buyurulmuştur.

Meşru olan, hak ve helal olan bir arzu ve niyeti olan, bu iyi maksat ile 3 veya 7 gece yatsıdan sonra veya fecir (Tan vakti, güneşin doğmasından önceki alacakaranlık) zamanına kadar 41 kere Yasin Suresini okursa Allah izin verirse kısa zamanda muradına erişir.

Rabbimiz, dünya ve ahiretimiz için hayırlı olan dualarımızı kabul etsin.

Verilene şükret ama verilmeyene daha çok şükret. Amin

RUHA İYİ GELEN DUA

Ruhsal sorun yaşayan, daralan, manevi olarak çöküşte olanlar okuyabilir.

Okuma 21 gün devam eder, her gün 21 defa okunur…

"Ya vasiu ya aliymü ya zelfadlil aziym. İn temsesni, bi durrin la kaşife lehü illa ente ve in teruddeni bi hayrin fe la radde li fadlike, tüsıybü bihi men teşaü min ibadike ve entel ğafurur rahiym"

BORCU OLAN OKUR

- Borcu rahat ödeyebilmek için Allah Resulü'nün (s.a.v)'in Müslümanlara öğrettiği dualardandır.
- **"Allahümme inni euzü bike minel hemmi vel hazeni ve euzü bike minel aczi vel keseli ve euzü bike minel cübni vel buhli ve euzü bike min ğalabetid deyni ve kahrir rical."**
- Manası:
- **"Ey Allahım, keder ve üzüntüden, acizlik ve tembellikten, korkaklık ve cimrilikten, borcun boynumu büküp, beni yenmesinden ve insanların kahrından sana sığınırım."**
- Fazileti:
- **Abu Ümame (r.a) borçlarını ödeyemediği bir zamanda, Hz. Peygamber'e akıl almaya gitmişti, Hz. Peygamber (s.a.v) ona bu duayı öğretti. Allah-ü Teala, onun için kapıları açtı, duası kabul oldu, borç ödendi.**

Not: Borç almak ve vermek, kıtlık enerjisi yaratır. Çok mecbur olmadıkça yapılmamalıdır. Para isteyene o parayı vermek yerine bir yol ya da çıkış bir dua önermek daha doğrudur. Borç almak da "ben kazanamam ancak birinden isterim" enerjisi oluşturur ki bu sizin kendinize yaptığınız bir haksızlıktır. Çalışma gücünüzü, yeteneklerinizi, Allah'ın verdiği aklı asla küçümsemeyin.

ÇOK İSTEDİĞİN BİR KONU İÇİN

"Ya müfettihi fettih

Ya müferrici ferric

Ya müsebbi sebbib

Ya müyessir yessiril fetha vel ferecü min

Ya fettah Ya Alim

İyyake na'budü ve İyyake nestain

Bu duayı bir dileğiniz, arzunuz olduğunda sabah namazından sonra 41 defa okuyup duanızı edersiniz.

…

Not: Bir dileğiniz oluştuğundaa kendinize iyice sorun ve samimi olun…

"BUNU GERÇEKTEN İSTİYOR MUSUNUZ…

BU GERÇEKTEN HAYIRLI MI…

BUNDAN ZARAR GÖRECEK KİŞİ VAR MI…

BUNU ELDE ETTİKTEN SONRA NELER YAŞAYACAKSINIZ…

DİLEĞİNİZ OLUNCA, KISA SÜRE SONRA VAZGEÇME OLASILIĞINIZ VAR MI…

BUNU NE İÇİN İSTİYORSUNUZ…

FAYDASI NEDİR…

SADECE HIRS MI…

KONU DEĞERLİ Mİ GERÇEKTEN…"

ÇOCUKLAR İÇİN DERSE BAŞLARKEN

Zihin açıklığı ve anlama gücü verir, düzenli okunur.

"Allahümme ahricna min zulumatil vehmi ve ekrimna bi nuril fehmi veftah aleyna ebvabe fadlike venşur aleyna hazaine Rahmetike bi Rahmetike ya Erhamerrahimiyn."

BİR KALBİ KAZANMAK

Sana soğuk davranan, kötü bakan, anlamayan ama kazanmak istediğin biri için okursun.

Niyet ettim Allah rızası için tüm kalbimle, " ....'nin" (kişinin adını söyle) bana karşı tüm olumsuz bakış ve enerjisinin sona ermesini, iletişimin dostluğa çevrilmesini, bana karşı olumsuz düşünmemesini, beni kendine yakın görmesini, onun bana karşı düşündüğü bütün kötü düşüncelerin iyiliğe çevrilmesini diliyorum senden tüm kalbimle Allah'ım. Allah'ım sana güvendim, sana sığındım, hakkımda hayırlısını ver. Amin.

Ardından 101 defa "Ve innellahe biküm le raüfün Rahim" duası okunur, gerek oldukça tekrar edilir.

SEN HİÇBİR ŞEYİN SAHİBİ DEĞİLSİN, O NEDENLE BİR ŞEY İSTERKEN BUNU "GERÇEK SAHİBİNDEN" İSTEMELİSİN.

Her dua Allah'a edilir, sonucu da sadece O'na bırakılır.

En çaresiz anında MUTLAK GÜCE sarılırsan ancak, sen de güç bulursun.

Dua ettiğine bir adım atmış olursun ve rahatlarsın, konuya manevi bir giriş yapmış olursun.

Dua güven verir, korkuyu aşmanda yardımcı olur.

Dua ederek yük hafifler çünkü o yük yani dert paylaşılmış olur.

Kalple edilen her dua huzur verir.

Bir işe başlarken, yeni adım atarken niyet edip okunur:

"Ve malikür rikabi la ilahe illa hüvel halikul bariül musavviru lehül esmaül hüsna, yüsebbihu lehu ma fis semavati vel ardi ve hüvel azizül hakim. Bediy'us semavati vel ardi zül batşiş şedidi vel kuvvetil metin. Rabbü erbab. Ve malikür rikabi la ilahe illa hüvel halikul bariül musavviru lehül esmaül hüsna, yüsebbihu lehu ma fis semavati vel ardi ve hüvel azizül hakim. Allahümme eb'ıd annil hıylete ve mekral makirin. Ve cevral cairin. fe inneni asbahtü müteharrizen bike la emlikü ma ercu ve la estetıy'u def''a ma ecidü. Ya faricel hümumi ve ya kaşifel ğumüm. Ve ya mücibe da'vetil mazlüm. La tüazzibni bi kesrati zünubi. Fağfir li verhamni in tüazzibni fe bi zenbi. Ve in tağfir li fe inneke entel azizül hakim."

ELİMDEKİ ŞİFA

İki elini birbirine sürt, ısıyı hisset. Enerji alanı açılmış olacak…

İki elini karşılıklı getir, yaklaştır uzaklaştır, enerjiyi hisset.

Avuçlarına doğru 117 kere YA KAVİY esmasını oku, ardından **70 kere** "Yâ Allah, Yâ Rahmân, Yâ Rahîm, Yâ Kâdir oku…

Ağrıyan yer üzerine el konulur ve şifaya niyet edilir. El konulunca okunacak ayet:

Şifa ayetleri

Bismillahirrahmanirrahim "Ve yeşfi suduura kavmin mu'minin. Ve şifaün lima fissudur. Fihi şifaün linnas. Ve nünezzilu minel Kurani ma hüve şifaun ve rahmetun. Ve iza maridtu fehuve yeşfin. Kul huve lillezine huden ve şifaun"

KORKU ANINDA OKUNUR

Okunuşu:“Amentü billahi ve resulihi hüve’l-evvelü ve’l-ahirü vez’zahirü ve’l-batinü ve hüve bi külli şey’in alim.”

Anlamı:“Evveli ve ahiri olmayan, zahir ve batın olan ve her şeyi bilen Allahu Teala’ya ve Onun peygamberine inandım.

Dünya’daki tüm korkuların kök sebebinde yine sevgisizlik vardır.

İki enerji vardır: sevgi ve zıttı olan korku.

Sevgiyi verebilen, sevgi enerjisinde kalabilen korkmaz.

Sevgi alamamış kişi korkmaya, korku frekansında kalmaya da daha açıktır.

Kimse seni sevmiyor diye üzülme Allah var ve O seni en çok ve koşulsuzca sevendir.

Allah’ın elçisi Melekler her anında sevgileri ile zaten seninle.

Sen doğuştan sevgi’sin, hayat bunu sana unutturdu belki ama dualar yine hatırlatacak…

EŞ ŞEKÜR

Günlük zikir adedi 526'dır.

Talihin açıklığı, bol rızık için okunur.

Kendi rızası için yapılan iyiliklere daha da fazlasıyla karşılık veren, yapılana karşı bol karşılık veren anlamına gelir.

"O Şekûr'dur; iyi bir amele yüzlerce, binlerce ve hatta dilerse sınırsız sevap verir. Sınırsız sevap verdiğinin delili; ebedi cennet hayatını vadetmesidir."

"Kim şükrederse sadece kendisi için şükretmiş olur." (Neml / 40)

"...Bizden üzüntüyü gideren Allah'a hamd olsun! Şüphesiz ki Rabbimiz gerçekten Ğafur'dur, Şekûr'dur." (Fatır / 34)

NEFSİ YENMEK

"169 kez EL EHAD
170 kez YA KUDDÜS"
Her gün okunur.
"Nefis her daim kötülüğü emreder." YUNUS SURESİ/53

Az ye, az uyu.
Faydalı ol.
Kötüye bile iyilikle karşılık ver.
Çok konuşma.
Hataya düşme, düşene öğret.
Arzularını hafiflet.
Dingin kal.
Araştır, içe dön.
Tevbe et.
İçe dön.
Kuvvetli ol.
Anla.
"Buldum demez bulanlar,
Gördüm demez görenler,
Hakîkate erenler,
Gizli sırrı açar mı?.."
diyor Üftâde Hazretleri

OLUMSUZ ENERJİYİ KESMEK

"La ilahe illallahü vahdehü la şeriyke leh Lehül-mülkü ve lehül-hamdü yuhyi ve yümit. Ve hüve hayyül la yemutü biyedihil hayr ve hüve ala külli şey'in kadiyr." Duasını okuyarak adım atın, olumsuz enerjisi olduğuna inandığınız bir mekana giriş yaparken…

BÜYÜK HACET DUASI:

"Allâhumme ileyke eş'kû dâ'fe kuvvetiy ve kıllete hiletiy ve hevâniy alennâs; Yâ Erhamerrahimiyn, ente Rabbül müstad'âfiyn; ente erhamu biy min entekileniy ilâ aduvvin baiydin yetecehhemuniy, ev ilâ sadiykın karîbin mellektehu emrî. İn lem tekûn ğadbane aleyye, felâ ubâliy, ğayre enne âfiyeteke ev seûliy. Euzü binûri vechikellezi eşrekat lehu zulûmatu ve salâha aleyhi emriddünya vel âhıreti en yenzile bi ğadabüke ev yehılle aleyye sehatük; ve lckel utba hatta terda ve lâ havle velâ kuvvete illâ bike."

Anlamı."Allâh'ım, kuvvetimin yetersiz kaldığını, çaresiz olduğumu, halk nazarında hor hakîr hale düştüğümü görüyorsun. Ya erhamer rahimiyn, zayıf görülüp ezilenlerin Rabbi sensin. Kötü huylu ve kötü tavırlı yabancı düşmanın eline beni terk etmeyecek, hatta himayemi ellerine verdiğin akrabadan bir dosta bile beni bırakmayacak kadar Rahimsin. Allah'ım, bana karşı gazaplı değilsen; çektiğim eziyet ve belalara hiç aldırış etmem. Ancak şu da var ki, koruma sahan bunları da çektirmeyecek kadar geniştir. Allâh'ım, gazabına maruz kalmaktan, yahud rızasızlığından, senin bütün zulmeti parıl parıl aydınlatan, dünya ve âhıret hallerinin yegâne selâmete çıkartıcısı olan NUR'u Vechine sığınırım. Allâh'ım rızan olasıya senden affını diliyorum. Havl ve kuvvet ancak seninledir."

14 AYETLER

GECEYARISI kalkıp okunur secde ederek.

Olması zor gibi görünen isteklerin önünü açar, Allah kabul etsin. AMİN.

Okunacak Ayetler:

1-İnnellezîne inde rabbike lâ yestekbirûne an ibadetihî ve yusebbihûnehu ve lehu yescudûn (Araf:206)

2-Ve lillâhi yescudu men fis semâvâti vel ardı tav'an ve kerhen ve zilâluhum bil ğuduvvi vel âsâl (Ra'd:15)

3-Ve lillâhi yescudu mâ fîs semâvâti ve mâ fîl ardı min dâbbetin vel melâiketu ve hum lâ yestekbirûn (Nahl:49)

4-Kul âminû bihî ev lâ tu'minû, innellezîne ûtul ilme min kablihî izâ yutlâ aleyhim yahırrûne lil ezkâni succedâ (İsra:107)

5-Ulâikellezîne en'amallâhu aleyhim minen nebiyyîne min zurriyyeti âdeme ve mimmen hamelnâ mea nûhin ve min zurriyyeti ibrâhîme ve isrâîle ve mimmen hedeynâ vectebeynâ, izâ tütlâ aleyhim âyâtur rahmâni harrû succeden ve bukiyyâ (Meryem: 58)

6-Elem tera ennallâhe yescudu lehu men fis semâvâti ve men fîl ardi veş şemsu vel kameru ven nucûmu vel cibâlu veş şeceru ved devabbu ve kesîrun minen nâs (nâsi), ve kesîrun hakka aleyhil azâb (azâbu), ve men yuhinillâhu fe mâ lehu min mukrim (mukrimin), innallâhe yef'alu mâ yeşâ'(yeşâu). (Hacc:18)

7-Ve izâ kîle lehumuscudû lir rahmâni kâlû ve mer rahmânu e nescudu li mâ te'murunâ ve zâdehum nufûrâ (nufûren) (Furkan:60)

8-Ellâ yescudû lillâhillezî yuhriculhab'e fîs semâvâti vel ardı ve ya'lemu mâ tuhfûne ve mâ tu'linûn (tu'linûne). (Neml: 25)

9-İnnemâ yu'minu bi âyâtinellezîne izâ zukkirû bihâ harrû succeden ve sebbehû bi hamdi rabbihim ve hum lâ yestekbirûn (yestekbirûne). (Secde:15)

10-Kâle lekad zalemeke bi suâli na'cetike ilâ niâcih (niâcihî), ve inne kesîran minel huletâi le yebğî ba'duhüm alâ ba'dın illellezîne âmenû ve amilûs sâlihâti ve kalîlun mâ hum ve zanne dâvûdu ennemâ fetennâhu festağfera rabbehu ve harre râkian ve enâb (enâbe) (Sad:24)

11-Ve min âyâtihil leylu ven nehâru veş şemsu vel kamer (kameru), lâ tescudû liş şemsi ve lâ lil kameri vescudû lillâhillezî halakahunne in küntüm iyyâhu ta'budûn (ta'budûne) (Fussilet:37)

12-Fescudû lillâhi va'budû (Necm: 62)

13-Ve izâ kurie aleyhimül kur'ânu lâ yescudûn(yescudûne). (İnşikak: 21)

14-Kellâ, lâ tutı'hu vescud vakterib. (Alak:19)

ER REŞİD

Bütün işlerini ezeli hikmetine göre neticeye ulaştıran, tüm alemleri tam bir nizam ve hikmetle akıbetine ulaştıran anlamını taşır.

Günlük okuma sayısı 514'tür.

İşleri kötü veya ters giden günde 1000 defa okur.

Hata yapmaktan korur.

Büyük hedefler için de okunur.

Doğru yolda kalmak isteyen düzenli okur.

EL BEDİ

EL BEDİ: Emsalsiz, benzersiz ve örneksiz olan.

Tüm alemleri yoktan var edip yaratan; eser ve ihsanlarıyla her yerde ve her şeyde görünen.

Günlük zikir adedi 86'dır.

İtibar, şöhret, makam için okunur.

Mal satışı, ticaret ve yeni girişimler için de okunur.

Düzenli okuyanın hikmeti artar.

Bilgelik verir, sırları bulmaya yardımcı olur.

70.000 kere **"YA BEDİ"** esmasını zikredip tamamlayan, imkansız gibi görünen dileğini bile gerçek hale getirir. Allah kabul ederse.

KISMET

HERHANGİ BİR KONUDA kısmetinin kapalı olduğuna inanan kişi okuyabilir.

"Allahümme Ya Rabbi bicahi sahibi'l-vesileti Seyyidina ve Nebiyyina ve Habibina ve kurrete uyunina ve nur-i ebsarina ve Habibike Muhammedi'l-Mustafa ve Rasülike'l-Murtaza ve Nebiyyike'l-Mücteba, hevvil ahvalina ila ahseni'l-hal. Ya Muhavvile'l-havli ve'l-ahval."

Günde 100 defa okunur.

...

Kul; başına gelen bir felaketten, sıkıntıdan, dertten kurtulduğu veya ummadığı bir sevinç ve ihsana kavuştuğu zaman **"Şükür Secdesi"** yapar.

Şükür Secdesi:

Kıbleye dönülür ve "Allahü Ekber" denilerek, secdeye kapanılır. Secdede 3 kere "Sübhane Rabbiye'l-a'la" denildikten sonra tesbihatta da bulunulur, yine tekbir getirilir ve doğrularak dua okunur.

"El-hamdü lillahi, ve'ş-şükrü illahi, ve'n-ni'metü lillahi Rabbi'l-Alemin."

ALLAH HEPİNİZE DUANIZIN KABUL OLDUĞU GÜNÜ YAŞATSIN... SEVGİYLE

MELEKLER ŞİFA LİSTEMİZ

Şifa sadece Allah'tan gelir.

Bizler, dünyaya daha çok ışık yaymaya çalışan spiritüel danışmanlar olarak kendi gücümüzün yettiği kadar Allah'ın izni ile, kanallık yaparak, inanç ve içsel gücümüz ile tanıdığımız tanımadığımız Dünya'nın neresinde olursa olsun gerçekten ihtiyacı olanlara dua etmeyi, onları sevmeyi, ışık göndermeyi vazife ediniriz.

Melekler Şifa Lıstemiz; gerçekten çok zor durumda olanlar, hastalar, ağır koşullar içinde olanlar, çok büyük darbeler almış olanlar, engelli dostlarımız içindir. Kendi isminizi veya tanıdığınız yakınınızın ismini bu listeye yazdırabilirsiniz. Belirli zamanlarda toplu yapılan ve isteyen herkesin de "niyete girerek" kendi enerji, şifa ve sevgisini aktarabileceği bu çalışma, herkesin BİR olduğunu herkese yeniden hatırlatmak içindir.

Melekler Şifa Listemize göndereceğiniz isimler daha az önemli zorluklar içinde olmamalı, gerçekten ihtiyacı olan kişiler için düşünülmüş bir çalışmadır bu... Konuya gösetereceğiniz hassasiyet için teşekkürler.

Hayatta en güzel şeyler hep bedavadır; sevgi gibi, şefkat gibi, merhamet gibi, aşk gibi...

Dünyanın neresinde olursanız olun, ışığımız size ulaşır.

Allah büyüktür, herşey sadece O'ndan gelir.

"Ya Şafi"

TUĞÇE IŞINSU ile BİREYSEL SEANSLAR:

REGRESYON- GEÇMİŞ YAŞAM ŞİFASI

İLİŞKİ ŞİFALANDIRMASI

BİLİNÇALTI DÖNÜŞÜMÜ

BOLLUK & BEREKET ÇALIŞMALARI

KİŞİYE ÖZEL SPİRİTÜEL DANIŞMANLIK

KİŞİYE ÖZEL "AŞK-BAŞARI-DİLEK-BEREKET" TILSIMLARI

ENERJİSİ ÇALIŞILMIŞ KRİSTALLER

TUĞÇE IŞINSU

'OL' der ve OLUR

(Kûn Fe Yekûn / Bakara Suresi 117. Ayet)

Dileğin henüz olmadıysa
hâlâ olma şansı var demektir...

Bu kitaptaki her şey,
dileğinin gerçekleşmesine vesile olsun.

(VE ÖYLE DE OLDU)